ALPHABET INGÉNIEUX, HISTORIQUE ET AMUSANT,

POUR LES JEUNES ENFANS;

Avec Figures.

SECONDE ÉDITION,

REVUE, CORRIGÉE ET AUGMENTÉE.

A PARIS,

Chez Ph. D. LANGLOIS, Libraire, rue du petit-Pont, près la rue de S. Severin, au Saint-Esprit couronné.

M. DCC. LXXIV.

Avec Approbation & Privilége du Roi.

AVANT-PROPOS.

En 1748, S. A. S. Monſeigneur le Duc D'ORLÉANS, *fit l'honneur au Libraire d'accepter la Dédicace de ce petit Alphabet pour ſervir à l'Inſtitution de Mgnr le Duc* DE MONTPENSIER, *ſon fils, aujourd'hui Monſeigneur le Duc* DE CHARTRES. *Le Public qui s'eſt toujours fait gloire de ſuivre l'exemple de ſes Princes qu'il aime & chérit, adopta avec empreſſement l'Alphabet nouveau, ſûr que l'exemple d'un Prince auſſi éclairé, ne pouvoit que contribuer à la rapidité des progrès des enfans. Auſſitôt il le mit entre leurs mains, & les ſuccès ne tardèrent point à ſuivre l'eſpérance qu'il en avoit conçue. En effet à la vue des trente-huit figures enluminées, qui ſe trouvoient alors dans cette première Edition, les enfans ſentîrent leur curioſité piquée. Dès l'inſtant ils le reçûrent avec avidité, le feuilletèrent d'un bout-à-l'autre, & fûrent les premiers à demander qu'on les y ſit lire : comme s'ils ſe doutoient déja que ce Livret fut la clef qui devoit leur donner toutes les connoiſſances poſſibles ; dès-lors, ils le regardèrent comme le plus beau de tous les Livres, comme un bijou néceſſaire nuit & jour, & comme l'objet indiſpenſable de leurs récréations ; enſorte que les belles ſuites du* Clinchtet, *de* Bernard Picard, *d'*Audran *& de* Baléchou, *miſes en parallèle avec les figures enluminées de notre Alphabet, leur auroit paru inſipides & bien éloignées de prétendre à la ſupériorité ſur celle du nouveau Livret. Aujourd'hui que cette Edition eſt épuiſée, j'en offre une ſeconde, corrigée & enrichie de ſix nouvelles figures auſſi enluminées.*

N. B. Les différentes Figures de la même lettre que l'on voit dans cet Alphabet, repréſentent celles qui s'offrent dans les Diſcours imprimés ou manuſcrits. Elles donnent toute facilité pour la prononciation, de même que l'explication hiſtorique qu'on trouvera à côté de chacune des Figures.

✠ A B C D E F G H I K
L M N O P Q R S T U
V X Y Z Æ Œ Ç W.

† a b c d e f g h i k l m
n o p q r s ſ t u v x y z &.

† A B C D E F G H I
K L M N O P Q R S T
U V X Y Z W Æ Œ Ç.

† a b c d e f g h i k l m
n o p q r s ſ t u v x y z &.

p d b q l h o y a m g ſ n
c i r x f u e t s k z v æ œ
& à â, é è ê ë, î ï, ô, ù û ü,
ff *ff*, fi *fi*, ffi *ffi*, fl *fl*, ffl *ffl*,
ſb *ſb*, ſl *ſl*, ſſ *ſſ*, ſi *ſi*, ſſi *ſſi*,
ſt *ſt*, j *j*.

AVIS
AUX MAISTRES ET MAITRESSES, SUR LES VOYELLES.

Il eſt très-néceſſaire que les Maîtres & Maîtreſſes apprennent aux Enfans, en leur faiſant ouvrir la bouche, la prononciation de chaque Lettre voyelle, dont voici une explication exacte.

Prononciation des Voyelles.

A

Lorſqu'on ouvre la bouche, la voix qui ſort, fait ce qu'on appelle *a*. Alors le ſon retentit dans le ſond du gozier ; la langue dans l'inaction reſte ſuſpendue ſans toucher aux dents, & la bouche demeurant ouverte laiſſe couler la voix en haut.

E

Lorſque le larynx, c'eſt-à-dire, l'organe de la reſpiration ou de la voix ſe reſſerre, que les poumons pouſſent moins d'air, que la bouche eſt moins ouverte, & que les lévres ſe replient en dedans, la voix que l'on entend eſt la lettre *e*, & le ſon de cette Voyelle eſt doux.

I

La Voyelle *i*, ſe prononce avec moins de travail ; il faut peu d'air pour la former, le ſon n'en eſt pas retenu dans le gozier, il eſt porté vers les dents qui contribuent à le diſtinguer ; la bouche eſt peu ouverte, & les lévres s'étendent ſelon que le ſon de cette Voyelle frappe plus ou moins les dents.

O

Dans la prononciation de la Voyelle *o*, le larynx s'ouvre, le gozier s'enfle & ſe fait creux ; on y entend ſonner cette lettre, toute la bouche s'arrondit & les lévres font un cercle ; pour lors l'*o* ſonne dans le fond du gozier d'où il eſt entendu comme s'il réſonnoit dans une cave.

U

La prononciation de l'*u* eſt douce, le larynx contraint moins la voix qui ſort des poumons, le gozier ne s'ouvre pas & la voix en eſt moins forte ; les lévres avancent en dehors, & ſe raſſemblent pour faire une très-petite ouverture.

L'on fera donc commencer par les cinq Voyelles A, E, I, O, U, avant les Conſonnantes, afin que l'Enfant étant formé à les connoître, puiſſe être en état d'épeler dès le B, qui eſt la premiere Conſonne, & continuer ainſi.

Explication de la Figure ci-contre.

L'AL LOU ET TE ou la MO VI ET TE eſt un Oi ſeau qui chan te, & dont la chair eſt fort dé li ca te. El le fait trois pon tes dans le cours du Prin tems & de l'E té. Il y en a de deux ſor tes; l'u ne de ter re, qui eſt cel le dont on par le, & l'au tre de mer, qui eſt un peu plus groſ ſe & plús bru ne par deſ ſus le corps.

Autre méthode de montrer à lire par les ſons ou terminaiſons de Voyelles qui répondent à chaque mot; c'eſt pourquoi les Maîtres & Maîtreſſes pourront choiſir s'ils veulent cette maniere d'apprendre à leurs enfans, en ouvrant la bouche pour prononcer par cœur leurs Lettres :

Exemple.

a,	un Mât.	al,	An ni bal.
a ce,	I gna ce.	an,	un croiſ ſant.
ad,	un Ma la de.	ar,	un an gard.
af,	u ne Ca raf fe.	as,	un a mas.
a ge,	un fro ma ge.	a tre,	l'al bâ tre
ai,	un ba lai.	av,	gra ve.

A, a, *a*, A,

A, *a*, a, *A*,

A, a, *a*, A,

A, *a*, a, *A*,

A, a, *alouette*. *a*, A,

Syllabes.

ace, ad, af, age, ai, aiſe, an, av:
ai, age, af, aiſe, an, ace, ad, av;
age, ai, ace, af, ad, an, av, aiſe.

Mots diviſés par Syllabes.

Aux, Ab bé, af fai res, a men de ment, a bo mi na ble, a na thé ma ti ſer, a loü et te, ain ſi.

Explication de la Figure ci contre.

L'E CRE VIS SE eſt un co quil lage de ri vie re ; il eſt teſ ta cé, & d'u ne fi gu re dif for me. Il ne nâ ge point a vec les pat tes, quoi qu'il en ait plu ſieurs ; mais a vec la qu euë, dont il ſe ſert pour mar cher ſur ter re ; ce qui fait qu'il ne peut al ler qu'à re cu lon. On em ploye l'E cre viſ ſe à quan ti té d'u ſa ge dans la mé de ci ne. Sa chair eſt froi de & hu mi de. Cel les de mer ne dif fè rent de cel les d'eau dou ce, que par leurs gran deurs.

Exemple.

e,	la bou e.	en ne,	u ne chien ne.
é,	un nez.	er,	le ton ne re.
ec,	un bec.	eſ,	u ne Ab beſ ſe.
eil,	le ſom meil.	et,	un plu met.
el,	la pru nel le.	ette,	une trom pet te.
emme,	u ne fem me.	eux,	les Ci eux.
en,	du vent.	eur,	le bon heur.

E, *e*. e, *E*.

A, e. E, *a*.

E, *a*. *A*, e.

A, e. E, *a*.

écrevisse.

E, *a*. *A*, E.

E, a. a, E.

Syllabes.

ec, eil, el, em me, en, en ne, er, es, et, et te, eu, eur : es, en, er, ec, el, em me, en ne, et te, eur, et, eil, eu : eur, er, ec, el, en, et, em me, eil, et te, en, eu, es.

Mots diviſés par Syllabes.

En é té, ex tir per, é ven tail le, en chi fré ne ment, ec clé ſi aſ ti que, em me n ger, em bra ſe ment, é du ca ti on, é cla tant, é bran le ment, é chauf fe ment, é cri vain, é cre viſ ſe.

Explication de la figure ci-contre.

L'Iris eſt une fleur ma ré ca geu ſe, de cou leur chan geante, ſui vant les lieux: On don ne ce nom à l'Arc-en-Ciel, à u ne va ri é té de cou leurs qui ſe for ment dans l'œil; au cer cle qui eſt au tour de ſa pru nel le; à u ne fem me; à u ne pier re gris de lin, qui, pré ſen tée au ſo leil, jet te un luſ tre de dif fé ren tes cou leurs. La pou dre d'I ris, qui n'eſt que la ra ci ne bro yée de cet te fleur, eſt fort o do ri fé ren te.

Exemple.

i,	un nid.	ill.	u ne bil le.
ible,	ac ceſ ſi ble.	imer,	im pri mer.
ide,	un ſub ſi de.	in,	ſa ra ſin.
ien,	un vau rien.	ion,	or don na ti on.
if,	un if.	ip,	u ne tu li pe.
igue,	u ne fi gue.	ique,	u ne bri que.

I, i.		ı, *I*.
A, *e*.		*i*, E.
ɪ, e.		i, *A*.
E, *i*.		*e*, I.
A, ɪ.		A, *e*.
I, *a*.	iris.	*E*, i.

Syllabes.

i, ien, ill, in, ip : in, ill, ip, i, ien : ip, ill, in, i, ien : i, ip, i en, ill, in.

Mots diviſés par Syllabes.

if, i dée, in no ver, im bé cil le, im ma tri cu le, ir ré con ci li a ble, i co no gra phie, i do lâ trie, ig no mi nieu ſe ment, il lu mi ner, i ma gi na tion, im mor ta li té, im par fai te ment, im poſ ſi bi li té, im por tu ni té, im pra ti ca ble, in nef fa ble, in fé ri o ri té, in ſen ſi ble.

Explication de la Figure ci-contre.

L'O RAN GE eſt le fruit de l'O ran ger, ar bre com mun dans les pays chauds; le fruit eſt rond, & de la cou leur de l'or, mais la chair eſt blan che, & plei ne de ſuc doux & ai gre. Ses feuil les ſont aſ ſez ſem bla bles à cel les du lau rier, mais plus é paiſ ſes, & d'un verd plus clair: ſes fleurs ſont blan ches, & d'u ne o deur fort a gré a ble: l'eau qu'on en ti re eſt ſi cor di a le, que ſix on ces a val lées en breu va ge, font ſor tir, par les ſu eurs, tou tes les mau vai ſes hu meurs du corps. La cou leur des O ran gers a don né lieu à la fa ble des pom mes du Jar din des Heſ pé ri des.

Exemple.

o,	des os.	oge,	un Doge.
ob,	u ne ro be.	oi,	un doigt.
oc,	un bloc.	oin,	l'oingt.
od,	u ne com mo de.	olduc,	Bol duc.
offre,	un cof fre.	om,	gom me.

O, o.

A, *e*.

E, I.

I, *o*.

O, a.

A, E.

orange.

o, *O*.

I, o.

a, O.

A, e.

E, *i*.

i, *O*.

Syllabes.

o, ob, oi, oin, on, ou, ouet : ob, ou oin, on, ouet, o, oi : oin, ou, ob, on, o, oi, ouet : ou, ob, on, o, oin, ouet, oi :

Mots diviſés par Syllabes.

ont, o val, o bli ger, ob ſer van ce, o bé iſ ſan ce, of fi ci a li té, oi ſi ve té, o li vier, om bra geux, o miſ ſion, o né reux, o pi ni â tre té, op preſ ſion, o ran ge, or di na tion, or don nan ce, or tho gra phe, oſ ſe mens, ou bli.

Explication de la Figure ci-contre.

U RA NIE eſt le nom d'u ne des neufs Mu ſes, à qui on at tri bue l'in ven tion de l'Aſ tro no mie : On la re pré ſen te ſous la fi gu re d'u ne bel le fem me, vê tue d'u ne ro be d'a zur, la tê te cou ron née d'é toi les, ap pu yée non cha la ment ſur u ne ſphè re.

Exemple.

u,	un é cu.	umier,	fu mi er.
ub,	un cu be.	un,	cha cun.
uc,	un Duc.	une,	la lu ne.
ud,	laſ ſi tu de.	ur,	u ne cu re.
ugé,	pré ju gé.	us,	un a gnus.
ui,	un biſ cuit.	uſt,	un buſt.
ul,	une mu le.	ut,	un inſ ti tut.
umé,	en rhu mé.	uv,	u ne cu ve.

U, *u*.	u, *U*.
A. e.	*o*, U.
E, *i*.	u, *A*.
I, o.	*a*, E.
O, u.	E, *I*.
U, A.	*i*, O.

uranie.

Syllabes.

u, ui, un, u ne : ui, un, u ne, u :
un, u ne, ui, u : u ne, ui, u, un :

Mots divisés par Syllabes.

un, u ne, u ni té, u ni ver ſa li té, u ſur pa tri ce, u na ni mi té, u ni for ma li té, ur ba ni té, u ſi té, u ſu rier, u ſur pa tion, u ſu frui tier, u ti li té, u ra nie, uſ ten ſi le, ul cè re, ul té rieu re, u ni-que ment, u ſa ge.

AVERTISSEMENT

Pour la prononciation des différens ſons de voyelles.

LES Maîtres & Maîtreſſes feront diſtinguer, néceſſairement aux enfans, la prononciation des différens ſons de voyelles jointes ou non avec les conſonnes ; ſçavoir: le ſon de l'*à* & de l'*ù* marqués d'un accent grave, ſera bas, péſant & creux, parce qu'il ſert à indiquer un lieu ou à déſigner une perſonne ; comme : *j'irai à Paris ; je donnerai à celui-ci ; où êtes-vous ?* &c.

L'*â* qui eſt marqué d'un accent circonflexe, ſignifie que la lettre conſonnante auquel il eſt joint, rend la ſyllabe longue, comme dans cet exemple : *bâtir*, *fâcher*, *tâcher*, où on le prononce comme s'il y avoit une *ſ* ; *baſtir*, *faſcher*, *taſcher.*

L'*è* grave ſe prononce, à-peu-près, comme l'*ê* circonflexe, lorſqu'on y joint une ſ, & que ſa ſyllabe, pour l'ordinaire, termine le mot ; au lieu que là où ſe trouve l'*ê* circonflexe, la ſyllabe eſt ordinairement la première du mot. Voyez, par exemple, pour l'*è* grave, *ès*, *après*, *accès*, *procès*, &c. & pour l'*ê* circonflexe, *bête fête*, *être*, *même*, *tête*, *Prêtre*, comme s'il y avoit *beſte*, *feſte*, *eſtre*, *meſme*, *teſte*, *Preſtre*, &c.

L'*é* eſt toujours muet, s'il n'eſt ouvert par un accent aigu ; il ſert à élever la voix, comme dans *bé*, *cé*, *dé*, *fé*, *gé*, &c.

L'*î* circonflexe a le même effet que l'*è* grave & l'*ê* circonflexe ; *î*, is, *abime*, *abiſme*.

AVIS SUR LES CONSONNES.

Pour parer aux diverſes opinions de pluſieurs Maîtres & Maîtreſſes, ſur la nouvelle orthographe, nous leur avons laiſſé la liberté de faire prononcer aux enfans les conſonnes, qui n'ont pourtant par elles-mêmes aucun ſon, ſi elles ne ſont accompagnées d'une voyelle. Nous n'approuvons pas pour cela l'ancienne méthode, où l'on fait dire *bé*, *cé*, *dé*, *efe*, &c. ; mais nous trouvons d'une plus grande utilité les nouvelles qui veulent que l'on prononce par l'*e* muet, c'eſt-à-dire, par l'*e* qui n'a aucun ſon de lui-même, s'il n'eſt accompagné d'une conſonne, comme *be*, *ce*, *de fe*, &c. Ces méthodes portent plus facilement à lire le françois, qui ſe fait entendre alors bien mieux des enfans, rélativement au choix fait des mots, dans les diſcours les plus ordinaires.

PRONONCIATION DES CONSONNES.

B

La lettre *b*, s'entend lorſque la voix ſortant du milieu des lévres, les oblige, avec une médiocre force, de ſe ſéparer.

C

En prononçant le *c*, la langue ſe replie en dedans, & porte la voix contre le palais, où elle s'arrête, ce qui oblige de la repouſſer avec force; les lévres ſont étendues, & ne s'ouvrent que médiocrement. Le *c* ſe prononce comme une *s*, avec les deux voyelles *e i*, ſeulement; comme dans cet exemple : *ce*, *ci*, comme *ſe*, *ſi*; mais avec les voyelles *a*, *o*, *u*, il faut prendre la prononciation du *k*, & dire *ca*, *co*, *cu*, comme *ka*, *ko*, *ku* : On le prononce auſſi comme une *s*, devant les voyelles *a*, *o*, *u*, lorſqu'il y a une eſpèce de virgule, ſous le *ç*, *ça*, *ço*, *çu*, comme *ſa*, *ſo*, *ſu*. On nomme cette virgule *cédille*.

D

Lorſqu'on appuie l'extrémité de la langue ſur la racine des dents de deſſous, & alternativement en haut & en bas, lorſqu'il y a pluſieurs *d*, *d*, *d*, *d*, & qu'enſuite la voix fait éloigner, pour ſe couler entre elle & les dents; alors on entend ſur l'extrémité de la langue le ſon de la lettre *d*.

F

Le ſon de l'*f*, eſt une aſpiration; quand on commence de prononcer cette lettre, la bouche s'ouvre, enſuite elle ſe ferme un peu, & la lévre inférieure ſe collant, par ſon extrémité, ſur les dents, elles font ainſi la prononciation de l'*f*. Il arrive auſſi que lorſque le *p* ſe trouve joint avec l'*h*, ils forment en liſant, le même ſon & la même prononciation de l'*f*, comme dans *pha*, *phe*, *phi*, *pho*, *phu*; *philoſophant*, &c.

G

Quand on prononce un *g*, la pointe de la langue s'approche du palais, les lévres s'avancent & ſe replient en dehors: il arrive que le *g*, a le même ſon, à-peu-près, que le *c*, dans la prononciation, lorſqu'il eſt accompagné des trois voyelles, *a*, *o*, *u*; cependant il ſe prononce comme s'il y avoit un *u* entre le *g* & la voyelle; par exemple *gua*, *guo*, *guu*, pour *ga*, *go*, *gu*; mais lorſqu'il eſt accompagné des voyelles *e*, *i*, il ſe prononce comme ſi c'étoit un *j*. Exemple: *ge*, *gi*, *je*, *ji*, &c.

H

L'*h*, ſe forme par une aſpiration douce ; elle ſe prononce dans le fond du goſier, d'une manière particulière, qui prend le milieu entre l'*a* & l'*o*.

J

L'*j* conſonne eſt une lettre qu'on appelle un *j* à queue, parce qu'en effet il en a une : ce *j* ſe prononce en approchant la pointe de la langue près du palais : il ſe prononce comme un *g*, devant les voyelles *e*, *i*, ſeulement ; il s'y met même quelquefois à la place du *g*. L'*j* conſonne a cela de particulier, que jamais il ne ſe redouble dans les mots françois, & qu'il ne ſouffre aucune autre conſonne, ni devant, ni après lui, dans une même ſyllabe.

K

La lettre *k* eſt preſque bannie de notre langue, & en ſa place on ſe ſert de la lettre *c* ; ainſi, il faut chercher à la lettre *c*, les mots qu'on écrivoit autrefois par *k*. Il n'eſt pas proprement un caractere de l'alphabet, n'y ayant aucun mot françois où il ſoit employé, que dans celui de *kyrielle*. Hors ce ſeul cas, cette lettre n'eſt en uſage qu'en quelques noms propres, pris de l'Allemand, & autres langues.

L

Pour prononcer la lettre *l*, on ouvre la bouche; la langue travaillant, porte ſeulement la voix contre le palais, contre lequel elle s'appuie par ſon extrémité, de ſorte que cette lettre ſe prononce vîte.

M

Le ſon de la lettre *m*, eſt ſourd; on ouvre d'abord la bouche en la prononçant, & la voix forme le ſon de la lettre, en approchant les lévres l'une contre l'autre, qui alors ferment la bouche; ce qui fait qu'on entend un bruit obſcur, comme dans une caverne.

N

La bouche s'ouvre en prononçant *n*; la langue ſe replie, & porte la voix dans la bouche, là où eſt la communication des narines.

P

La lettre *p*, ſe prononce en appuyant les lévres l'une contre l'autre, & la voix fait plus d'effort pour les ſéparer, que dans la prononciation du *b*.

Q

La lettre *q*, eſt proprement une lettre double, qui a la force du *c*, & de l'*u* voyelle.

R

Pour prononcer l'*r*, il faut ouvrir la bouche, & pouſſer enſuite la voix, qui étant arrêtée par les dents qui ferment le paſſage, roule dans le palais, à quoi contribue la langue, qui ſe replie dans ſon extrémité.

S

La lettre *s*, ſe prononce, lorſque les dents, approchées les unes des autres, coupent la voix qui coule ſur la langue, qui appuie ſon extrémité contre les dents de deſſous, & demeure droite ; alors la voix n'étant pas arrêtée, mais au contraire, paſſant avec vîteſſe entre les dents, fait entendre un ſifflement comme d'un vent, qui paſſe avec violence par une fente. L'*s* ſe prononce comme le *c*, à moins qu'elle ne ſoit entre deux voyelles; alors elle ſe prononce comme un *z*; comme dans cet exemple : *uſage*, *viſage*, *uzage*, *vizage*, &c.

T

La lettre *t*, ſe prononce ſur l'extrémité de la langue, qui touche les dents de deſſus plus près de leurs tranchans que la lettre *d*. Il faut obſervet que l'*h*, après le *t*, forment enſemble le même ſon que s'il n'y avoit qu'un *t*, ſans *h*; comme, par exemple, *tha the*, *thra trhe*, *ta te*, *tra tre*, &c.

V

Le *v*, ou l'*v* conſonne, eſt une aſpiration très-légere, qui ſe prononce lorſque la voix ſort du milieu des lévres, ſans qu'elles ſe battent enſemble. L'*v* conſonne a cela de différent de l'*u* voyelle, c'eſt qu'il ſe met toujours au commencement d'une ſyllabe.

X

La lettre *x*, eſt un compoſé de trois lettres, *i c s*, ou *i k s*, au lieu d'*iſque*, comme beaucoup de perſonnes prononcent. Il faut dire : *xa xe xi xo xu*, comme s'il y avoit *cſa cſe cſi cſo cſu*, ou *kſa kſe kſi kſo kſu*.

Y

La lettre qu'on appelle *y grec*, ſe prononce de même que l'*i*. L'*y grec* eſt preſque bannie de la Langue françoiſe, on ne la conſerve que dans les mots qui viennent originairement de la langue grecque. On ſe ſert, au lieu de l'*y* grec, de l'*ï* tréma, autrement dit, d'un *ï* avec deux points deſſus, pour appuier comme s'il y avoit deux *i i*, & de même lorſqu'il ſe trouve entre deux voyelles; par exemple, *voyés*, *ſoyés*, *voïés*, *ſoïés*, comme s'il y avoit *voiiés*, *ſoiiés*, &c. L'*y* grec ſe conſerve encore lorſqu'il eſt employé pour déſigner un lieu, comme la ville de Lyon, &c.

Z

Le *z* eſt comme une double lettre, qui vaut une *s* & un *d*. Il a auſſi une prononciation douce.

Ainſi après la prononciation des cinq voyelles & des conſonnes ci-après, comme : b, c, d, f, g, h, k, l, m, n, p, q, r, s, t, v, x, y, z: P, N, M, K, L, H, G, F, D, C, B, Q, Z, Y, X, V, T, S, R : V, Q, Z, R, K, L, X, Y, S, T, M, G, B, P, N, F, D, C, H : b, q, c, r, d, s, f, t, g, v, h, x, k, y, m, z, n, p, l : on joindra avec les voyelles, après les avoir bien appriſes, la ſixième lettre *b*, qui eſt la première conſonne ou la ſixième figure, *page* 35.

Premier Ordre.

Pluſieurs conſonnes mêlées enſemble, avec les voyelles & ſans voyelles, ſuivant les terminaiſons des mots figurés comme on le peut voir ci-après, au bas de chaque page des ſyllabes, pages 35 & 37, &c. *afin que les enfans les apprennent ſans routine.*

ch, chr, cl, cœur, cr, ct, doit, dex, fl, gl, gue, gn, gr, mes, ph, pt, ſqu, ſt, ſin, tion, vent.

SECOND ORDRE.

gl, ﬂ, chr, dex, gue, tion, ph, ſqu, vent, pt, gn, mes, cœur, doit, ſt, cl, gr, ch, ſin, ct, cr:

TROISIEME ORDRE.

GL, SQU, DOIT, FL, VENT, ST, CHR, PT, GN, DEX, CL, GR, MES, CH, GUE, SIN, CT, TION, CŒUR, PH, CR:

QUATRIEME ORDRE.

TION, GR, ST, GL, CŒUR, MES, CHR, SQU, CL, PT, CH, DOIT, GUE, SIN, GR, GN, FL, CT, PH, VENT, DEX.

Simples Conſonnes après les Voyelles.

Ab , eb , ib , ob , ub ,
Ec , ic , oc , uc , ac ,
Id , od , ud , ad , ed ,
Of , uf , af , ef , if ,
Ug , ag , eg , ig , og ,

ha & ja ne ſe prononcent pas à rebours.

Ak , ek , ik , ok , uk , ſe prononcent comme s'il y avoit

Ac , ec , ic , oc , uc ; mais ſeulement les Langues étrangeres.

El , il , ol , ul , al.

Im , om , um , am , em ,

Les François prononcent en latin *um* comme *om*.

On , un , an , en , in , & on , qui ſe prononcent du nez , ſe font entendre auſſi vocalement , comme ſi l'on écrivoit

ane , ene , ine , one , une ,

up , ap , ep , ip , op ,

Aq , ſe prononce comme ac , ec , ic , oc , uc ,

Ar, er, ir, or, ur,

Es, is, os, us, as,

It, ot, ut, at, et,

Va, ne ſe prononce pas à rebours.

Ox, ux, ax, ex, ix,

Uz, az, ez, iz, oz,

Conſonnes doubles avant les Voyelles.

Bla, ble, bli, blo, blu,

Bra, bre, bri, bro, bru,

Cha, che, chi, cho, chu,

& en latin comme s'il y avoit

Ka, ke, ki, ko, ku,

Cla, cle, cli, clo, clu,

Cra, cre, cri, cro, cru,

Dla, dle, dli, dlo, dlu,

Dra, dre, dri, dro, dru,

Fla, fle, fli, flo, flu,

Fra, fre, fri, fro, fru,

Gla, gle, gli, glo, glu,

Gna, gne, gni, gno, gnu, ſe prononcent

en latin, comme s'il y avoit *Guena*, *guene*, *gueni*, *gueno*, *guenu*; mais en françois on mouille, & l'on prononce comme si l'on écrivoit

Gnia, gnie; gnii, gnio, gniu,

Gra, gre, gri, gro, gru.,

Pha, phe, phi, pho, phu,

se prononcent comme, fa, fe, fi, fo, fu, le ph, ne valant qu'une f.

Pla, ple, pli, plo, plu,
Pra, pre, pri, pro, pru,
Psa, pse, psi, pso, psu,
Ska, sko, sku,
Sca, sce, sci, sco, scu,

& avec un cédille sous le ç, devant a, o, u, ces dernieres Syllabes prendront le son doux de sça, sço, sçu, & se prononceront comme sa, so, su,

Spa, spe, spi, spo, spu,
Squa, squi,
Sta, ste, sti, sto, stu,

Tha, the, thi, tho, thu, &

Thra, thre, thri, thro, thru, ſe prononcent comme s'il n'y avoit pas d'h, & qu'il y eut ſeulement,

Ta, te, ti, to, tu,
& Tra. tre, tri, tro, tru,

Vla, vle, vli, vlo, vlu,
Vra, vre, vri, vro, vru,

Des Conſonnes doubles après les Voyelles.

Abs, ebs, ibs, obs, ubs,
Ads, ams, ems,

Anc, inc, onc, & unc, ſe prononcent en françois comme s'il étoit écrit onc,
Ans, ens, ins, ons & uns, comme ons,
Ant, ent, int, ont & unt, comme ont,
Aps, eps, ips, ops, ups,
Arp, erp, irp, orp, urp,
Ars, ers, irs, ors, urs,

Il n'y a que deux conſonnes triples après les voyelles, comme,

Irps & Urbs.

Em ſe prononce comme en, dans les

mots

mots *Empire*, *envoy*; la même ſyllabe ſe prononce auſſi comme *an*, dans les mots *Empereurs*, *embarras*, *entendement*; *Anpereurs*, *anbarras*, *antandement*; excepté dans les mots *prenne*, *garenne*, *ennemi*: elle ſe prononce auſſi *im* & *in*, dans la ſyllabe latine *ens*, tels que dans les mots *inſpiro*, comme s'il y avoit *enſpiro*.

Im ſe prononce comme *in*, dans les mots *impreſſion*, *inpreſſion*, *inconnu*.

Om ſe prononce comme *on*, dans les mots *comptable*, *contable*.

Um & *un*, ſe prononce de même, comme dans les mots *parfum*, *parſun*, *humble*, *hunble*, & *un* ſe prononce *eun*, dans le mot *commun*, *commeun*; mais dans la ſyllabe latine, il ſe prononce comme *om*, dans le mot *ſum*, *ſom*, &c.

Explication de la Figure ci-contre.

La BÉ CAS SE eſt un Oi ſeau de paſ-ſa ge, mar que té de gris, qui fré quen te les bois, & a le bec fort long. Le tems de ſon paſ ſa ge eſt l'hi ver. On do ne ce nom à un oi ſeau de mer, qui eſt beau coup plus gros, & qui eſt blanc, brun & noir: on le don ne auſ ſi à un Poiſ ſon de mer, qui a le bec long & poin tu en for me d'ai guil le, & dont les mâ choi res cou pent com me une ſcie. Le pe tit de la Bé caſ ſe ſe nomme Bécaſ ſeau.

Autre méthode d'apprendre à lire par les ſons ou terminaiſons de Conſonnes qui répondent à chaque mot.

Exemple.

b,	u ne bar be.	bil,	le ba bil.
ba,	un ca bat.	ble,	ai ma ble.
ba gie,	ta ba gie.	blê me,	em blê me.
bar ras,	em bar ras.	blier.	un ta blier.
be,	u ne bom be.	bol,	o bo le.
bel lion,	ta bel lion.	bon ne,	Nar bon ne.

B, *b*, *B*, b,

Ba, be, Bi, *bo*,

Bu, *be*, *Bi*, bo,

Bu, ba, Bi, *bo*,

Bu, *ba*, *becasse*. Be, bo,

Bu, ba, *Be*, BI,

Mots divisés par Syllabes.

Beau, ba al, ba di ner, ba li ver ne, Bé caſ ſe, Bo na ven tu re, bi bli o thé-quai re.

Explication de la Figure ci-contre.

Cé rès est la Dé es se des bleds & de l'a gri cul ture ; el le é toit fil le de Sa tur-ne & d'Ops. Les fê tes que les Pa yens cé lé broient à son hon neur, é toient ob-ser vées a vec le plus pro fond res pect, & l'on n'em plo yoit point de vin dans ses sa cri fi ces.

Exemple.

ca,	un A vo cat.	cl,	des bou cles.
ce,	u ne pu ce.	cœur,	un cœur.
ci,	le sou ci.	çon,	fa çon.
co,	des a bri cots.	core,	en co re.
cu,	des é cus.	cr,	du su cre.
ch,	u ne cru che.	cs,	les lacs.
chet,	dé chet.	ct,	des in sec tes.
cieux,	ca pri cieux.	ction,	bé né dic tion.

C, *c*, *C*, c,

Ca, ce, Ci, *co*,

Cu, *ce*, *Ci*, co,

Cu, *ca*, ci, *Co*,

Cu, *ca*, *Ce*, co,

cu, ca, Ce, *ci*,

céres .

Mots divisés par Syllabes.

Ca lom ni a tri ce, ca ne, cé rès, con-cu pis cen ce, con di tion, cou ver tu re, croît.

Explication de la ſigure ci-contre.

Le Dé eſt un pe tit os quar ré, à ſix fa ces égales, dont cha cu ne eſt mar quée de ſon point, de puis un juſ qu'à ſix, & qui ſert à di vers ſor tes de jeux : on don ne ce nom à la par tie des pie deſ taux, qui eſt en tre la ba ſe & la cor ni che ; on le don ne auſ ſi à de pe tits cu bes de pier re, où l'on ſcel le des bar reaux de treil la ge ; à de peti tes cu ves de mé tail, pi co tées au de hors, qui ſer vent à pouſ ſer l'ai guil le en cou ſant, & à cer tai nes piè ces de vi tres.

Exemple.

d,	la con cor de.	des,	les ay des.
dan ce,	l'a bon dan ce.	doit,	le doigt.
der,	a bor der.	don,	a ban don.
dex,	l'in dex.	dran,	un ca dran.
di,	un é tour di.	dre,	dé ſor dre.
dieu,	a dieu.	dri,	A le xan drie.
dil,	un cro co di le.	droit,	a droit.

D, *d.*	*D*, d.
Da, de.	Di, DO.
DU, *de.*	*Di*, do.
Du, da.	Di, DO.
Du. *da.*	*De*, do.
Du, da.	De, *di.*

dé.

Mots diviſés par Syllabes.

Dé, dé fec tu o ſi té, dé sho no ra ble, di re, diſ con ti nu, doc tri ne, dont.

Explication de la Figure ci-contre.

Le Fu ret eſt le nom d'un pe tit a ni-mal qui cher che & fu re te dans les trous des la pins, & les en fait ſor tir. Il a les yeux rou ges, le ven tre blanc, & le reſ te du corps cou vert d'un poil, qui tient d'une cou leur à-peu-près blan che, & de la cou-leur de boüe. La chair du Fu ret con tient beau coup de ſel vo la til; el le eſt bon ne con tre la mor ſu re des ſer pens, pour ré-ſou dre & pour ex citer l'u ri ne : ſa fien te eſt ré ſo lu ti ve. On ap pel le furet un hom-me qui s'en quiert de tout, & qui s'ap-pli que à ſça voir tout ce qui ſe paſ ſe. On ap pel le en core u ne eſ pè ce de fu ret, des re mé des qui vont cher cher dans le corps les hu meurs les plus ca chées, com me ſont l'hé mé tique & le mer cure.

Exemple.

f,	un bœuf.	fé,	biſ fé.
fair,	af fai re.	ff,	u ne ca raf fe.
fi,	con fi.	fié,	am pli fié.
fe,	é tof fe,	fl,	des pan tou fles.

F, *f*, *F*, f.

Fa, fe, Fi, *fo*,

Fu, *fe*, *Fi*, fo,

Fu, fa, Fi, *fo*,

Fu, *fa*, *Fe*, fo,

Fu, fa, Fe, *fi*.

furet.

Mots divisés par Syllabes.

Fait, fa mil le, fa mi lié re-ment, fa quin, fa vo ra ble ment, fil le, fleur, for tu ne, Fu ret.

Explication de la Figure ci-contre.

GÉ NIS SE eſt le nom qu'on don ne or di nai- re ment à u ne jeu ne Va che ; il y en a de ſau- va ges en A mé ri que, qui ſont plus groſ ſes que les nô tres, & plus baſ ſes ſur les jam bes, qui ont u ne boſ ſe ſur le dos, & le poil long & fri- ſé, com me un chien bar bet : la chair en eſt ex cel len te. Il y en a de ma rine, ex trê me- ment groſ ſes, qui, au ſor tir de la mer, vont paî tre l'her be, mê me ſur les hau teurs, où el les mon tent par le mo yen de deux dents lon gues, re cour bées & groſ ſes com me la moi tié du bras, qu'el les ont à la mâ choi re ſu pé ri eu re ; on les tra vail le com me l'y voi re. Les Pa yens ſa cri fi oient des Gé niſ ſes blan ches à Ju non. Les Juifs en of froient auſ ſi en ho lo cauſ te.

Exemple.

ga, un re né gat.
ge, u ne i ma ge.
gi, u ne ef fi gie.
go, un ma got.

gu, ai gu.
gle, des é pin gles.
gn, u ne mon ta gne.
gr, bi ſai gre.

G, *g*, G, g.

Ga, ge, Gi, *go*,

Gu, *ge*, *Gi*, go,

Gu, ga, Gi, *go*,

Gu, *ga*, *Ge*, go,

Gu, ga, Ge, *gi*.

genisse

Mots divisés par Syllabes.

Goût, gé né ra lis sime, gé né-ra li té, Gé nis se, gin gem bre, gour man di ses, gra ces.

Explication de la Figure ci-contre.

Le Hé ron eſt un grand Oi ſeau ſau-va ge, qui vô le fort haut, & ſe nour rit par ti cu li é re ment de poiſ ſons. Il eſt de cou leur cen dré ou blanc : il a les pat tes, le col & le bec fort long, la queuë cour-te, & eſt fort bon à man ger : il bâ tit ſon nid au ſom met des grands ar bres, & l'on pré tend qu'il eſt de na tu re ſi chau-de, que ſi ſon or dure re tom be ſur quel que bran che, elle la fait ſé cher & mou rir. Il y en a de dif fé rents eſ pè ces en A mé-ri que. En ter me de vé ne rie, on ap pel le Fau çon-hé ro nier, ce lui qui eſt dreſ ſé à la chaſ ſe du Hé ron.

Exemple.

h,	u ne ha che.	ho,	un ba chot.
ha,	a chat.	hu,	un ba hut.
heq,	hy po théque.	ham,	A bra ham.
hi,	un ha chis.	harp,	é char pe.

H, *h*, *H*, h.

Ha, he, Hi, *ho*,

Hu, *he*, *Hi*, ho,

Hu, ha, Hi, ho,

Hu, *ha*, *He*, ho,

Hu, ha, He, hi.

Mots diviſés par Syllabes.

Haut, hé ré ſi ar que, Hé ron, hé ros, hé riſ ſon, hiſ to ri o gra-phe, hu mi li té, her mi te.

Explication de la Figure ci-contre.

JANUS, an cien Roi des Romains, mis par le Pa ga nifme au nom bre des Dieux. Les Poë tes le re pré fen tent avec deux vi fa ges, pour mar quer fa pru den ce & fon ha bi le té à pé né trer dans l'a ve nir. Nu ma lui dé di a un Tem ple, qu'on ou vroit pen dant la guer re, & qui ref toit fer mé pen dant la paix.

Exemple.

j,	je.	jon,	un gou jon.
ja,	Gou jat.	jor,	ma jor.
jet,	un fu jet.	jou,	A ca jou.
jeu,	un en jeu.	ju,	du jus.

J, *j*,		*J*, j.
Ja, je,		Ji, *jo*,
Ju, *je*,		*Ji*, jo,
Ju, ja,		Ji, *jo*,
Ju, *ja*,		*Je*, jo,
Ju, ja,	Janus.	Je, *ji*.

Mots diviſés par Syllabes.

Je, Jé ri cho, Jé ru ſa lem, Jo ab, ju di ci ai re ment, juſ ti-ci a ble, Ja nus, ja mais.

Explication de la Figure ci-contre.

KA COUR NE eſt u ne eſ pè ce de tor tuë, qui eſt beau coup plus groſ-ſe que les tor tuës fran ches. Son é cail le ſert à gar nir la plû part des grands mi roirs.

K, *k*,	*K*, k.
Ka,ke,	Ki,ko,
Ku,ke,	*Ki*,ko,
Ku,ka,	Ki,ko,
Ku,*ka*,	*Ke*,ko,
Ku,ka,	Ke,*ki*.

Kacourne.

Mots diviſés par Syllabes.

Ka cour ne, ker mès, ki ri e e lei ſon, kil-da re, ki el, ken dal, kil ken ny, king-ſa le, kna reſ bo rough, ko nigs berg, ko-nitz, ko ping, kut tem berg.

Explication de la Figure ci-contre.

Le LÉZARD eſt un rep tile à qua-tre pat tes, qui eſt fort pe tit & ſans ve nin, en Fran ce, où il ne fait guè-res la guer re qu' aux mar gots. Il y en a d'af freux en A mé ri que par leur gran deur & leur groſ ſeur. Il s'y en trou ve de très-doux & bons à man ger : il y en a auſ ſi d'au tres a qua ti ques.

Exemple.

l,	une aî le.	lais,	un Pa lais.
la,	de-là.	lêm,	em blê me.
le,	el le.	lheur,	mal heur.
lé,	ci ſe lé.	lie,	fo lie.
li,	a bo li.	liq,	o bli que.
lo,	un ba lot.	logue,	pro lo gue.
lu,	un é lu.	lon,	ga lon.
lad,	une ſa la de.	lm,	Salm.

L, *l*, *L*, l.

La, le, Li, *lo*,

Lu, *le*, *Li*, lo,

Lu, la, Li, *lo*,

Lu, *la*, *Le*, lo,

Lu, la, *lézard.* Le, *li*.

Mots diviſés par Syllabes.

La, la bo ra toi re, li bé ra le-ment, li vre, lo gi que, lu gu-bre ment, Lé zard.

Explication de la Figure ci-contre.

Le MELON eſt un ex cel lent fruit ; ſa tige ram pe ſur ter re ; ſa feuil le reſ ſem-ble à cel le de la vigne, & ſa fleur eſt jau-ne. Il y en a de dif fé rens goûts & cou-leurs. On trou ve auſ ſi, & ſur tout en I ta-lie, en gran de quan ti té, des me lons d'eau, d'u ne eſ pè ce plus dé li ca te, qui ſont rou ges en de dans, & dont la chair blan-che n'eſt qu' u ne gé lée, qui ſe fond d'el-le-mê me dans la bou che.

Exemple.

m,	un hom me.	man,	Ar mand.
ma,	un mât.	mas,	fri mas.
mé,	af fa mé.	maud,	gri maud.
mi,	un a mi.	men,	e xa men.
mo,	ho mo.	ment,	ſu bi te ment.
mu,	é mu.	mer,	ar mer.

M, *m* *M*, m.

Ma,me Mi,*mo*

Mu,*me* *Mi*,mo

Mu,ma Mi,*mo*

Mu,*ma* *Me*,mo

melon.

Mu,ma Me,*mi*

Mots diviſés par Syllabes.

Main, Map pe mon de, ma-tri mo ni a le, mé di ca men ter, Mi niſ tre, mo de, Me lon.

Explication de la Figure ci-contre.

Le NEGRE eſt un ha bi tant de la Né gre tie , Ro yau me d'A fri que : on les vend aux Eu ro pé ens , pour tra vail ler dans les Co lo nies. Les Phy ſi ciens ont fait , mais en vain , de gran des re cher- ches ſur leur noir ceur , qu'on ne peut pas at tri buer à la zô ne tor ri de , d'où ils ſont pro ches , par ce qu'il s'en ſui vroit que tous les ha bi tans de cet te zô ne ſe roient noirs ; ce qui n'eſt pas.

Exemple.

n ,	un trô ne.	neur ,	ra mo neur.
na ,	don na.	nier ,	pa nier.
né ,	aî né.	niq ,	u ne tu ni que.
ni ,	bé ni.	noi ,	Be noît.
no ,	un ca not.	noir ,	ma noir.
nu ,	nud.	nom ,	œ co no me.
ner ,	do mi ner.	nub ,	le Da nube.
net ,	net te.	nuel ,	ma nuel.

N, *n*, *N*, n.

Na, ne, Ni, *no*,

Nu, *ne*, *Ni*, no,

Nu, na, Ni, *no*,

Nu, *na*, *Ne*, no,

Nu, na, Ne, *ni*.

negre.

Mots diviſés par Syllabes.

Ne, na tu r a li ſa tion, na-vet te, na zo ne ment, né ceſ ſai-re ment, Né ron, Né gre.

Explication de la Figure ci-contre.

Le PÉ LI CAN eſt un grand Oi ſeau de ri viè re, de lac ou d'é tang. Il eſt fort com mun en A fri- que ; il fait ſon nid au tour des lacs, & le ſer pent lui tuë ſes pe tits ; il ſe nour rit de poiſ ſons ; il a un ſac de cuir ſous la gor ge, dans le quel il met ſa proïe pour ſa nour ri tu re & cel le de ſes pe tits. Les an ciens pré ten doient que ſon a mour pour ſes pe tits le por toit à les nour rir de ſon ſang, ce qui lui cau ſoit la mort. La graiſ ſe du Pé li can eſt bon ne pour a mol lir & ré ſou dre les hu meurs ; ſa fien te eſt pro pre pour les ma la dies de nerf & l'é pi lep ſie, é tant pri ſe au poids d'u ne drag- me, dans de l'eau de bé toi ne.

Exemple.

p,	la ſou pe.	per,	frap per.
pa,	A grip pa.	ph,	un phi lo ſo phe.
pé,	cam pé.	pon,	ré pons.
pi,	crê pi.	por,	tranſ port.
po,	diſ pos.	poul,	u ne pou le.
pu,	rom pu.	pr,	â pre.
pel,	u ne pel le.	pt,	un comp te.

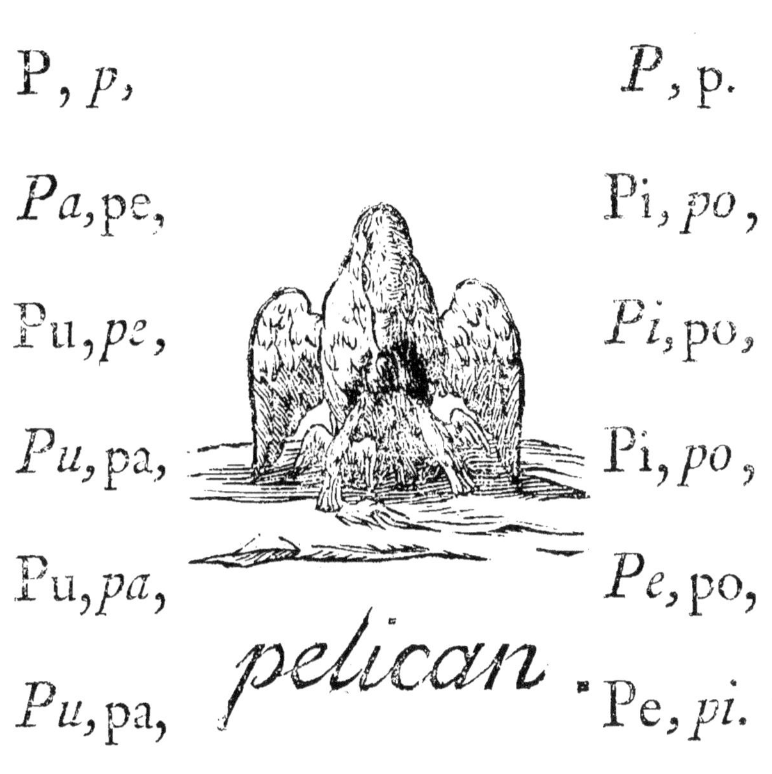

P, *p*, *P*, p.

Pa, pe, Pi, *po*,

Pu, *pe*, *Pi*, po,

Pu, pa, Pi, *po*,

Pu, *pa*, *Pe*, po,

Pu, pa, *pelican*. Pe, *pi*.

Mots divisés par Syllabes.

Pas, pâ té, par ti cu la ri té, Phi lo lo gis te, pré tex te, Prin ci-pau té, Pé li can.

Explication de la Figure ci-contre.

Un QUAY eſt une murail le de pier re de tail le, é le vé ſur le bord d'u ne ri viè re : c'eſt auſ ſi une eſ pa ce ſur le ri va ge, pour la char ge & dé char ge des mar chan di ſes.

Exemple.

q,	u ne per ru que.	quêt,	en quê te.
qua,	re li quat.	quid,	li qui de.
qu,	re mar que.	quin,	Da quin.
quail,	clin quail le.	quo,	qui-pro-quo
quer,	ſe mo quer.	qu'un,	quel qu'un.

Q, *q*, **q. ou qu.** Q, q.

Qua, que, Qui, *quo*,

Quu, *que*, *Qui*,quo,

Quu, qua, Qui, *quo*,

Quu, qua, *Que*,quo,

Quu, qua, **quay.** Que, *qui*.

Mots divisés par Syllabes.

Que, qua li fi ca tion, Quay, que rir, que rel le, quef tion ner, Quin qua gé si me.

Explication de la Figure ci-contre.

Le Re nard eſt un a ni mal à qua tre pat tes, de la gran deur or di naire d'un chien : il eſt pu ant, ru ſé, & de cou leur rouſ ſâ tre; il ſe nour rit de vo lail le & de gi biers, qu'il chaſ ſe quel que fois à cris, com me font les chiens, quand il en eſt pour ſui vi ; il piſ ſe ſur ſa queuë, & leur jet te ſon u ri ne, pour leur fai re per dre la piſte. La La po nie en pro duit de tou-tes cou leurs, & ſur tout de noirs, dont la peau eſt fort eſ ti mée.

Exemple.

r,	de l'y voir.	ral,	mi né ral.
ra,	du drap.	raq,	u ne ba ra que.
ré,	ma rée.	rès,	après.
ri,	ſou ri.	ret,	Lo ret te.
ro,	ſi rop.	reur,	ac que reur.
ru,	la ruë.	rio,	un chariot.

R, *r*, R, r.

Ra, re, Ri, *ro*,

Ru, *re*, *Ri*, ro,

Ru, ra, Ri, *ro*,

Ru, *ra*, *Re*, ro,

Ru, ra, Re, *ri*.

renard.

Mots divisés par Syllabes.

Roi, ra ge, ré for ma tion, re-
li gi on nai re, ré mi niſ cen ce, Re nard, re tom ber.

Explication de la Figure ci-contre.

Le Serin eſt un pe tit oi ſeau fort vif, qui vient des Iſ les de Ca na rie, & dont la fi gu re & le chant ſont fort a gré a bles: il ap prend très - fa ci le ment à ſi fler. Il y a un Se rin com mun, qui eſt auſ ſi vif; il a le bec court & un peu rond, le deſ ſous de la gor ge & le ven tre d'un jau ne qui ti re ſur le verd; il chan te auſ ſi a gré a ble ment, quand il chante a vec d'au tres oi ſeaux. L'on croît que le nom de Se rin vient de ce lui de Sy rè ne.

Exemple.

ſ, s,	un ours.	ſac,	Briſ ſac.
ſa,	a maſ ſa.	ſail,	Ver ſail les.
ſé,	pouſ ſé.	ſer,	laiſ ſer.
ſi,	un chaſ ſis.	ſif,	maſ ſif.
ſo,	le ver ſo.	ſin,	couſ ſin.
ſu,	un iſ ſu.	ſit,	un pa ra ſite.

S, *s*, *S*, s.

Sa, se, Si, *so*,

Su, *se*, *Si*, so,

Su, sa, Si, *so*,

Su, *sa*, *Se*, so,

Su, sa, Se, *si*.

Serin.

Mots diviſés par Syllabes.

Sans, ſa cra men ta le ment, ſa lu tai re ment, ſé ré na de, Se rin, sè ve, ſu per be.

Explication de la Figure ci-contre.

THÉ MIS eſt la Dé eſ ſe de la Juſ ti ce : el le é toit fil le, ſui vant les An ciens, du Ciel & de la Ter re, & pré ſi doit aux O ra cles. Son nom eſt fort en u ſa ge par mi les Poë tes.

Exemple.

t,	u ne por te.	teur,	por teur.
ta,	é tat.	tié,	châ tié.
té,	é té.	tion,	u ne por tion.
ti,	pe tit.	toc,	eſ toc.
to,	tan tôt.	toff,	é tof fe.
tu,	ver tu.	ton,	bâ ton.
tain,	é tain.	tr,	Prê tre.
tel,	mor tel.	trai,	por trait.

T, *t*,	*T*, t.
Ta, te,	Ti, *to*,
Tu, *te*,	*Ti*, to,
Tu, ta,	Ti, *to*,
Tu, *ta*,	*Te*, to,
Tu, ta,	Te, *ti*.

Themis.

Mots diviſés par Syllabes.

Trait, tam bou ri ner, te nu, ter mi ner, teſ ta men tai re, teſ-ti mo ni a le, Thé mis.

Explication de la Figure ci-contre.

Le VE SU VE eſt u ne Mon ta-gne près de Na ples, Ca pi ta le de Toſ ca ne, en I ta lie : Il vô mit des flam mes de tems à au tres, & lan ce des pier res & des cen dres fort au loing : ſon ter ri toi re eſt né an-moins très - fer ti le.

Exemple.

v,	u ne ra ve.	vent,	ſou vent.
va,	trou vat.	verb,	pro ver be.
vé,	bra vé.	vet,	du vet.
vi,	a vis.	veu,	a veu.
vo,	pa vot.	voir,	ſa voir.
vu,	la vuë.	voq,	pro vo que.
val,	La val.	vra ge,	ou vra ge.
veil,	mer veil le.	vrier,	ou vrier.

V, *v*, *V*, v.

Va, ve, Vi, *vo*,

Vu, *ve*, *Vi*, vo,

Vu, va, Vi, *vo*,

Vu, *va*, *Ve*, vo,

Vu, va, Ve, *vi*.

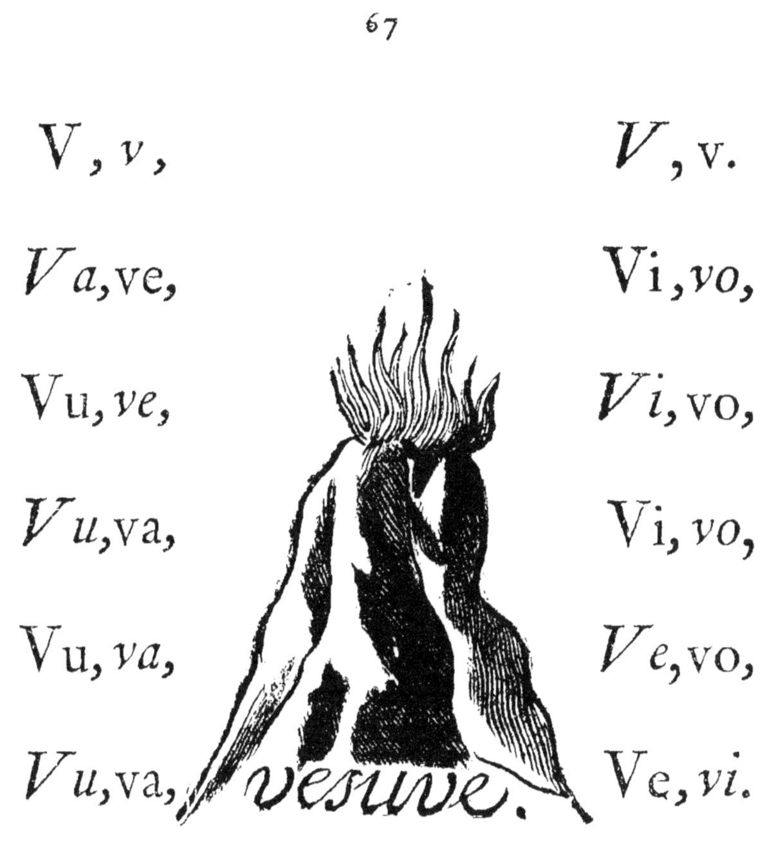

Mots diviſés par Syllabes.

Vous, va lé tu di nai re, Vé-ſu ve, vin di ca tif, vir gu le, Vir gi le, vi ve.

Explication de la figure ci-contre.

XE NO PHON é toit Gé né ral des A thé ni ens. Son é lo quen ce & sa va leur, sur-tout dans la fa meu se re trai te des dix mil le Grecs, depuis la Pro vin ce de Ba by lo ne, jusqu'à Tre bi son de, & dans toutes les au tres oc ca sions où il comman da, l'ont fait met tre au rang des plus il lus tres Ca pi tai nes, & des grands hom mes de son tems.

Exemple.

X, c'est u ne per son ne qui ex citant des chiens à se bat tre, leur dit : xe, xe, xe.

yeu, les yeux. | leux, or gueil leux.

X, x, X, x.

Xa, xe, Xi, *xo*,

Xu, *xe*, *Xi*, xo,

Xu, xa, Xi, *xo*,

Xu, *xa*, *Xe*, xo,

Xu, xa, *xenophon*. Xe, *xi*.

Mots divisés par Syllabes.

Xa vier, Xé no phon, Xain ton ge, *autrement dit*, Sain ton ge, Bru xel les *ou* Bruſ ſel les.

Nota. Il n'y a point de Figures pour la Lettre Y grec, ne s'employant, pour ainſi dire, que ſeule, & formant elle-même ſa ſyllabe & ſon mot, comme dans les phraſes *il y va*, *il y eſt allé*, &c.

Explication de la Figure ci-contre.

ZE NON ; nom d'un Phi lo ſo-phe, na tif de l'Iſ le de Chy-pre, Empereur, & le pre mier des Stoï ciens. Il y a eu un au-tre Zé non, qu'A riſ tote dit avoir é té l'in ven teur de la *Dia lec-ti que* ; c'eſt la par tie de la Phi lo ſo phie, qu'on ap pel le vul gai re ment *Lo gi que*.

Exemple.

z,	ſur pri ze, ou ſur pri ſe.	zer,	Ja zer, ou Ja ſer.
zard,	mu zard, ou mu ſard.	zop,	hy zo pe, ou hy ſo pe.
zai ne,	dou zai ne.		

Z, z, Z, z.

Za, ze, Zi, zo,

Zu, ze, Zi, zo,

Zu, za, Zi, zo,

Zu, za, Ze, zo,

Zu, za, Ze, zi.

Zenon.

Mots diviſés par Syllabes.

Za cha rie, zè le, Ze non, zé phir, Zo di a que, Zo ro-ba bel.

SYLLABES DIPHTONGUES.

Ai, au, eau, ei, eu ou œu, ſont des diphtongues qui n'ont qu'un ſon, de même que ia, iau ou io, oi & ou.

Il y a trois ſortes de Syllabes diphtongues, en latin comme en françois, qui comprennent deux ou trois voyelles. Il y en a douze en françois, & huit en latin: en françois, ce ſont ; ia, iau, ie, iè, *ou* iё, ien, io, œ, oi, ou, oue, oui, ve, vi; & en latin, æ, au, eu, œ, uo, va, ve, vi.

Mais en latin, à proprement parler, il n'y en a que trois qui puiſſent rendre un ſon double, comme *va ve* & *vi*, car les cinq autres ne rendent qu'un ſon ſimple ; deux autres qui ne rendent en françois que le même ſon ſimple, c'eſt-à-dire, qu'on n'entend

tend qu'une des deux voyelles, comme *eu*, *ou*; & il y en a ſix douteuſes, c'eſt-à-dire, dont l'*i* ne s'entend pas prononcer devant *l*, comme *aille*, *eille*, *ille*, *oille*, *ouil*, *euil*, ce qui fait vingt ſyllabes de prononciation: il y en a huit de demi prononciation, où l'on ne prononce pas toutes les voyelles, comme *ae œ*, *ao o*, *ei i*, *eo o*, *eoi oi*, *œu eu*, à l'exception ſeulement de *ue*, dont les deux voyelles ſe font entendre, comme dans le mot *écuelle*.

Il y en a quatre d'écriture, qui ſe prononçent différemment que l'on ne les écrit; ſavoir *ai* & *ay*, & qui indiquent un *é* ou *è*, comme *aigu*, *jamais*, *égu*, *jamès*; mais lorſqu'elles ſont ſuivies d'une *l*, elles ſont douteuſes.

Au & eau indiquent un *o* long, comme *bateau*, *marteau*, *bato*, *marto*.

Oi eſt quelquefois diphtongue d'écriture, lorſqu'elle indique un *é* ouvert ou bref, comme dans ces mots, *foible*, *foibleſſe*, *féble*, *fébleſſe*.

Oy ſe prononce comme s'il y avoit deux *ii*, la premiere ſyllabe étant diphtongue de prononciation, & la ſeconde d'écriture, comme *j'envoyois*, *j'envoi iois*, ou *j'envoi iès*, &c.

A E *ou* Æ; dans cette diphtongue, tantôt on ne prononce que l'*a*, comme dans le mot *Caën*. *Can*, tantôt on ne prononce que l'*e*, ſur-tout en latin, comme dans les mots françois *Ægide*, *Ægypte*, *Egide*, *Egypte*, &c.

Ay, cette ſyllabe diphtongue, avec l'*y* grec, ſe prononce comme s'il y avoit deux *ii*, dans les mots *ayons*, *rayons*, *ai ions*, *rai ions*; mais lorſqu'elle ſe trouve avec un *ï* trêma, c'eſt-à-dire, qui a deux points deſſus, il ne vaut qu'un *i*, en indiquant ſeulement par là qu'il fait une ſyllabe ſéparée de l'*a*, comme dans les mots *hayra*, *haïra*.

Ao, cette diphtongue ne ſe trouve, en ſupprimant la voyelle *o*, que dans ces trois mots; *Laon*, *Faon*, *Paon*, *lan*, *fan*, *pan*.

Ei, cette diphtongue ne ſe fait entendre qu'à demi, & nazalement, lorſqu'elle eſt ſuivie d'une *m* ou d'une *n*, comme dans les mots *Reims*, *Rems*, *plein*, *plen*.

Eo, cette diphtongue eſt preſque toujours accompagnée de la conſonne *g*, auquel cas n'ayant qu'une demie prononciation, l'on n'employe que la voyelle *o*, en mettant à la place de l'*i* un *è* grave, comme dans le mot *bourgeois*, *bourjois* ou *bourjoès*, ou bien l'on ſupprime l'*è* grave, en laiſſant ſubſiſter toujours l'*o*, comme dans le mot *pigeon*, *pijon*.

Ié, avec un *é* aigu; cette diphtongne ſe prononce en appuyant deſſus l'*i*, comme s'il y en avoit deux, dans les mots *amitié*, *pitié*, *envoyé*, *amiti ié*, *piti ié*, *envoi ié* : elle ſe prononce auſſi par un *e* fermé, comme dans les mots *poirier*, *mercier*, *poiri ier*, *merci ier*, où l'on ne fait pas ſonner l'*r* : elle ſe termine auſſi par un *è* ouvert, dans les mots *fiel*, *miel*; *fi èl*, *mi ièl*; & lorſqu'il ſe rencontre une *n*, au lieu de *l*, elle a, à-peu-près, la même terminaiſon d'un *e* fermé, comme dans les mots *bien*, *mien*, *mienne*, *rien*, *vien*, *tien*, *vienne* ; *bi ien*, *mi ien*, *mi ienne*, *vi ien*, *ri ien*, *ti ien*, *vi ienne*.

Ieu ; cette diphtongue ſe prononce ainſi, comme s'il y avoit deux *ii*, en appuyant deſſus, dans les mots *Dieu*, *lieu*, *mieux*, *Di ieu*, *li ieu*, *mi ieux*, &c.

Io ; cette ſyllabe ſe prononce, à-peu-près, comme la précédente, dans le mot *Diocèſe*, *Di iocèſe* ; mais en ajoutant une *n*, car elle en eſt preſque toujours ſuivie, elle ſe prononce ſans appuyer ſur l'*i*, comme dans les mots *aimions*, *mangions*, *marions*, &c.

Oë ; celle-ci ſe prononce ainſi dans les mots *boëte*, *coëffe*, *poële*, &c. & elle effleure la prononciation de l'*a*, comme *oa*, dans les mots *moëllon*, *poëlon* ; *moallon*, *poalon*.

Oi, ſe prononce comme *oè*, avec un *è* grave, dans les mots *roi*, *moi*, *roè*, *moè*, &c.

Oin ; cette ſyllabe diphtongue ſe prononce comme s'il y avoit *oen*, ou *oain*, dans le mot *beſoin*, *beſoen* ou *beſoain*.

Ou ; celle-ci ſe prononce entiérement dans les mots *nous*, *vous*, *tous*, &c.

Oue ; cette diphtongue ſe prononce comme *ouè*, avec un accent grave ſur l'*è*, dans les mots *couet*, *couette*, *couenne*, *couèt*, *couètte*, *couènne*, &c.

Oüi ; cette diphtongue eſt un mot affirmatif, qui ſe prononce comme elle eſt écrite.

Ui ; celle-ci ſe prononce entiérement dans les mots *lui*, *étui*, *puit*, *fruit* ; mais elle ne ſe prononce qu'à demi, lorſqu'elle eſt précédée du *g* ou du *q*, la voyelle *u* ne ſe prononçant pas, comme dans les mots *Aquitaine*, *guidon*.

Diphtongues douteuses.

Ail ; cette ſyllabe diphtongue douteuſe ſe prononce ainſi dans les mots *bail*, *maille*.

Eil ; celle-ci ſe prononce comme œil, qui en eſt une autre, dans les mots *treille*, *veille*, *œillet*.

Euil ; cette diphtongue ſe prononce ainſi dans les mots *deuil*, *fauteuil*.

Oille & ouil, ſe prononce ainſi dans les mots *fenouil*, *grenouille*.

Il, ſe prononce ainſi dans le mot *gril* ; mais il faut mouiller l'*l* lorſqu'elle eſt ſuivie d'une autre, comme dans les mots *bille*, *quille*, &c.

Des Prononciations Diphtongues.

PREMIER EXEMPLE.

Ai, brai, clai, dai, fai, grai, hai, j'ai, lai, mai, n'ai, pai, quai, rai, ſçai, trai, vrai.

SECOND EXEMPLE.

Au, bau, chau, dau, fau, gau, hau, j'au, lau, mau, nau, pau, rau, ſau, tau, vau.

TROISIEME EXEMPLE.

Eau, beau, ceau, deau, feau, gleau, leau, meau, neau, peau, ſceau, reau, teau, veau.

QUATRIEME EXEMPLE.

Ei, bei, cei, dei, ſei, lei, mei, nei, pei, rei, ſei, tei, vei.

CINQUIEME EXEMPLE.

Eu ou œu, beu, bleu, breu, ceu, deu, ſeu, ſleu, heu, jeu, leu, meu, neu, peu, pleu, reu, teu, veu, œuf, œuvre, vœux.

SIXIEME EXEMPLE.

Ia, Dia ble, ſia cre.
Iou ou io, bio, bio; piautre, piotre.

SEPTIEME EXEMPLE.

Oi, coi, doi, ſoi, gloi, joi, loi, moi, poi, quoi, roi, ſoi, toi, voi; *& lorſqu'il y a un* e *après, on le pro non ce com me s'il n'y a voit pas d'*i, *mais un* è *avec un ac cent gra ve, com me* oè, boè, coè, doè, &c.

HUITIEME ET DERNIER EXEMPLE.

Ou, bou, cou, clou, dou, fou, gou, glou, jou, lou, mou, nou, pou, rou, ſou, tou, vou.

Explication de la Figure ci-contre.

Le Ca nard eſt un oi ſeau a qua ti que, de cou leur gri ſe & vi o let te, a vec un gros bec : on en diſ tin gue de deux eſ pe ces, le do meſ ti que & le ſau va ge : on prend ce der-nier en vie, dans des lieux pré parés à cet ef fet, & pour les tu er plus fa ci le ment.

Syllabe initiale.

Ca,	*ca.*	*Ca,*
Ca det,		*Ca det.*
Ca ge,		*Ca ge.*
Ca nard,		*Ca nard.*
Ca pe,	*canard.*	*Ca pe.*
Ca ve,		*Ca ve.*

Mots diviſés par Syllabes.

Ca ba ret, ca chet, ca de nat, ca dence, ca got, ca hut, ca jo ler, ca la mi té, ca ma-ra de, ca ni cu le, ca pa ci té, ca ra va ne, ca ſer ne, Ca té chiſ me, Ca va lier.

Explication de la Figure ci-contre.

Le Che val eſt l'a ni mal le plus no ble, le plus u ti le & le plus do ci le de tous les qua-dru pè des. On en trou ve de ſau va ges en A fri que & aux In des, qui ſe laiſ ſent pren dre & ap pri voi ſer fa ci le ment. Cet a ni mal eſt ſi con nu, qu'il eſt i nu ti le d'en mar quer les qua li tés.

Syllabe initiale.

Ch,		*Ch.*
Cha grin,	*che.*	*Cha grin.*
Che val,		*Che val.*
Chif fon,		*Chif fon.*
Cho ſe,		*Cho ſe.*
Chu te,	*cheval.*	*Chu te.*

Mots diviſés par Syllabes.

Cha cun, cha gri ner, cha lu meau, Cha-noi ne, cha peau, cha ri té, che min, che net, Che va lier, chi ca ne, chi fler, chi me re, chi que nau de, Chi rur gie, cho co lat, cho-pi ne, cho quer, chu cho ter.

Explication de la Figure ci-contre.

La Ga le re eſt u ne eſ pe ce de Bâ ti ment de mer, à bas bord, de vingt-qua tre à tren te ra mes : el le a deux mâts & deux voi les la ti nes ; elle eſt ar mée ſur l'a vant d'u ne groſ ſe piè ce de ca non, qu'on ap pel-le cour ſier. Il y en a de fi gu-re dif fé ren te.

Syllabe initiale.

Ga, *Ga.*

Ga le re, *Ga le re.*

Ga let, *Ga let.*

Ga lon, *Ga lon.*

Ga lop, *Ga lop.*

Ga ze, *Ga ze.*

ga.

galere.

Mots diviſés par Syllabes.

Gabel le, ga che, ga douë, ga ge, ga lant, ga na che, ga rant, ga rer, gâ teau, ga ter, ga zon, go blet, Géo lier, gib be cie re, glou-ton, gour mand, gra ve, gra vu re, gre nouil-le, griffon, gue nil le, gue re, gui ſe.

Explication de la Figure ci-contre.

Phénix eſt le nom d'un oiſeau grand comme un Aigle : les plumes de ſon col ſont dorées, & les autres ſont de couleurs de pourpre : ſa tête eſt embellie de plumes élevées, en forme de crête. Les anciens le croyoient être ſeul de ſon eſpece, & le plus beau qui fut jamais. Selon eux, il vivoit près d'un ſiecle ; au bout de ce tems, il compoſoit ſon nid de bois aromatiques, & en battant des aîles, le ſoleil allumoit le bûcher ; pour lors il ſe brûloit, & quelque tems après renaiſſoit de ſes cendres. Les Rabins prétendent que cet oiſeau obtint l'immortalité, parce qu'il ne voulût pas manger du fruit défendu, comme tous les autres oiſeaux, à qui Eve en préſentât. On regarde aujourd'hui le Phénix comme une belle chimere. L'on dit ſeulement en proverbe, parlant d'une choſe rare, ou d'une perſonne qui a des talens extraordinaires, que *c'eſt un Phénix*.

Ph

Syllabe initiale.

Phe *ou* Fe,	ph.	*Phe* ou *Fe.*
Pha ra on,		*Pha ra on.*
Pha ri ſien,		*Pha ri ſien.*
Phé nix,		*Phé nix.*
Phi lo ſo phe,		*Phi lo ſo phe.*
Pho ci on,	phénix.	*Pho ci on.*

Mots diviſés par Syllabes.

Pha é ton, pha re, pha ſe, phra ſe, Phébus, phé no me ne, phi lo lo gie, phy ſi o lo gie, phy ſi que, phleg ma ti que, Philoc te te, Phi lipſbourg, phar ma co pée, Phar macie, pha lan ge, phy ſi o no mie. M

Explication de la Figure ci-contre.

L'OIE eſt un oiſeau commun, dont on mange la chair, & dont les plumes ſont utiles à quantité d'uſages: on les diſtingue en domeſtiques ou privés, & en ſauvages. Les uns & les autres ont les pattes faites comme une eſpece de triangle; il s'étend & ſe plie comme un éventail, pour nâger plus commodément. L'Oie a le col aſſez long, les plumes griſes ou blanches, & le bec gros : il eſt fort ſtupide, & a la chair viſqueuſe, faiſant beaucoup d'excrémens. Le foye eſt la meilleure choſe de l'Oie pour le manger. L'Oie ſauvage eſt d'une meilleure nourriture que l'Oie privée, quoi qu'ils ſe nourriſſent de même.

Syllabe initiale & dipthongue de prononciation.

Oie,		*Oye,*
Foie,		*Foye,*
Joie,	*oi.*	*Joye.*
Proie,		*Proye.*
Troie,		*Troye.*
Voie,	*oie.*	*Voye,*

Mots diviſés par Syllabes.

An chois, bi voie, clair voye, cour roie, dé ſar roi, ef froi, em ploi, en voi, lamproie, mon noie, net toye, oc troi, quoi, Roi, Sa voye, ſoye, toi.

Explication de la Figure ci-contre.

L'OUTARDE eſt un oiſeau de beau plumage, très-gros, & le plus grand qui vive ſur la terre après l'Autruche. Elle a le bec fort, la tête & le col de couleur cendré, & fort long : elle eſt de couleur tanée & noir ſur le dos, blanche ſous le ventre & ſous les aîles, à l'exception des extrêmités qui ſont noires : elle a les jambes groſſes comme le pouce, longues de demi pied, & toutes couvertes d'écailles ; elle a trois doigts à chaque pied, & les ongles fort courts : elle ne pond que de deux ans en deux ans, & l'année qu'elle ne pond pas, elle ſe déplume. Elle a ſa demeure dans les Iſles, en des marécages, à terre, & quelquefois ſur des arbres. La chair de l'Outarde eſt bonne bouillie, rôtie & ſalée, ſur-tout celle qui n'a point pondu : elle vit dans des prairies ou marécages, ſur le bord de la mer. Lorſqu'elle paît en troupe, deux ou trois ſont en ſentinelle, & ſi elles entendent ou voyent quelque choſe, elles font un grand cri, pour en avertir celles qui paiſſent, & auſſitôt elles s'envolent toutes. L'Outarde ne ſe perche point, & le renard lui fait la guerre. Les Sauvages en font des robes.

Syllabe initiale & diphtongue de prononsiation.

ou.

Ou, Bou,	*Ou, Mou.*
Bou ta de,	*Bou ta de.*
Coü ar de,	*Cou ar de.*
Hou ſar de,	*Hou ſar de.*
Mou tar de,	*Mou tar de.*
Ou tar de,	*Ou tar de.*

outarde.

Mots diviſés par Syllabes.

A bou che ment, bou clier, cou ron ne, dou ble, fou lu re, Gou ver neur, hou let te, jou te, lou a ble, mou che, nou veau, ou til, pou le, rou ge, ſou lier, tou jours, vou loir.

Explication de la Figure ci-contre.

Le pied eſt la par tie du corps que la na-
tu re a don né à l'hom me & à l'a ni mal,
ce qui lui ſert à ſe ſoute nir & à mar cher,
étant joint à l'ex trê mi té de la jam be,
puiſ qu' il en fait partie. Ce lui de l'hom me
eſt com po ſé de che vil le, de ta lon & de
doigts; ce lui du che val eſt ce qui com prend
le ſa bot, qui eſt tout ce qu'on voit de cor ne,
lorſque le Che val a le pied poſé à ter re.
Le pied ſe dit auſ ſi d'un ar bre ou d'u ne
plan te; ce qui la ſignifie lorſ que la par tie
du tronc ou de ti ge, eſt la plus près de ter re:
il ſe dit auſ ſi de l'en droit le plus bas
d'u ne mon ta gne, d'un bâ ti ment, d'u ne
mu rail le. Le pied s'en tend auſ ſi du nom-
bre de ſyl la bes qui en trent dans la com-
po ſi tion des vers grecs ou la tins, & qui
en fait la me ſu re; c'eſt auſ ſi u ne me ſu-
re gé o mé tri que, con tenant dou ze pou-
ces de long.

Syllabe finale & diphtongue de prononciation.

Ié *on* Ier,		*Ier* ou *ied.*
A mi tié,	*ié*	*A mi tié.*
Con fi é,		*Con fi é.*
Hu mi li é,		*Hu mi li é.*
Pié,		*Pied.*
Sied,	*pied.*	*Sier.*

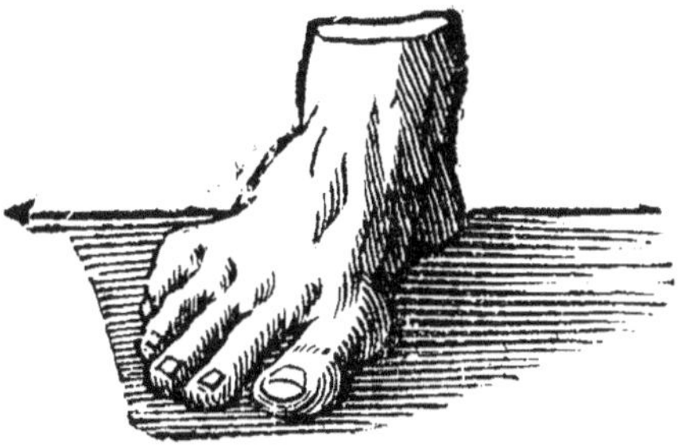

Mots divisés par Syllabes.

A ven tu rier, bar bier, Ca no nier, damier, E cu yer, fa mi lier, gra vier, i ni tié, lé vrier, ma nié, nour ri cier, ou vrier, pi tié, re mer cié, ſu crier, Ta piſ ſier, vé ri fié.

Explication de la Figure ci-contre.

Le CHI EN eſt un a ni mal do meſ ti que, fort u ti le à l'hom- me, tant pour le ſer vi ce que pour le plai ſir. La du rée de ſa vie eſt de dou ze ou quin ze ans : il naît a veu gle ; il hait les cro co di les & les loups. Ses eſ pe ces ſont en grand nom bre, & ſont diſ tin gués par des noms dif fé rens.

Syllabe finale & diphtongue de prononciation.

Ien, *ien* *Ien.*

Bien, *Bien.*

Chien, *Chien.*

Sien, *Sien.*

Tien, *Tien.*

Vien, *Vien.*

Chien

Mots divisés par Syllabes.

A ca dé mi cien, Bo hé mien, Chré tien, Da mi en, en tre tien, Gram mai rien, In dien, lien, Ma gi cien, ob tien, Pa roiſ ſien, quoti di en, rien, ſou tien, Thé o lo gien, vaurien.

Explication de la Figure ci-contre.

Le COING eſt u ne eſ pe ce de poi re o do ri fé rante , de cou leur jau ne , & dont on fait tou tes ſor tes de con fi tu res , ſur - tout cel le qu'on ap pel le co ti gnac. L'ar bre qui por te ce fruit ſe nomme coi gnaſ ſier; il eſt d'u ne gran deur mé di o- cre ; ſes feuil les ſont du res , char neu ſes & blan ches par deſ ſous.

Syllabe finale & diphtongue de prononciation.

Oin,	**oin.**	*Oin.*
Be ſoin,		*Be ſoin.*
Coin,		*Coing.*
Foin,		*Foin.*
Loin,		*Loin.*
Soin,	**coing.**	*Soin.*

Mots diviſés par Syllabes.

Ad joint, ba bouin, con joint, dé joint, em bon point, foin, groin, joint, mar ſoin, moins, né an moins, oing, poing, pour point, re coin, ſoin, té moin.

Explication de la Figure ci-contre.

EU RUS eſt le nom que les An ciens don noient au vent d'O ri ent. On le re pré ſen te com me un An ge, qui, par ſon ſouf fle, re pouſ ſe & diſ- ſi pe les nu a ges; il a me ne le beau tems, mar qué par ſes aî les qui ſont d'un bleu cé- leſ te.

Syllabe initiale pour la figure, & finale pour lés mots ci-après : Elle eſt auſſi diphtongue de prononciation ſimple.

Eu, Eux, — *Eu, Eux.*

Cieux, — *Cieux.*

Dieux, — *Dieux.*

Mieux, — *Mieux.*

Pieux, — *Pieux.*

Vicieux, — *Vicieux.*

eurus.

Mots diviſés par Syllabes.

A dieu, ca pri cieux, dangereux, mi lieu, né buleux, per ni cieux, ver tu eux, y eux.

Explication de la Figure ci-contre.

La CAIL LE eſt un oi ſeau de paſ ſa ge, de cou leur gri ſe, qui ſe re paît dans les bleds, & dont la chair eſt fort eſ ti mée, ex cep tée dans les Pays qui pro dui ſent beau-coup d'el lé bo re, par ce que la Cail le s'en nour riſ ſant, de vient fort dan ge reu ſe, é tant d'u ne com-ple xion très-chau de, juſ qu'à cau-ſer l'é pi lep ſie à ceux qui en man-gent. Il eſt prou vé, par des ob ſer-va tions cer tai nes, que la Cail le paſ ſe dans des Pays chauds, à la fin de l'Au tom ne, & re vient vers la fin du Prin tems.

Syllabe finale & diphtongue douteuse.

Ail,		*Ail.*
Cail le,		*Cail le.*
Fail le,	*ail.*	*Fail le.*
Mail le,		*Mail le.*
Pail le,		*Pail le.*
Tail le,	*caille.*	*Tail le.*

Mots divisés par Syllabes.

A cor dail les bail, ca mail, ca nail le, écail, é mail, fé rail le, gre nail le, mail, mé dail le, ou ail les, por tail, ra cail le, rail le, sou pi rail, te nail les, vo lail le.

Explication de la figure ci-contre.

Le SO LEIL eſt un aſtre lu mi neux, qui eſt la ſour ce de la cha leur & des feux, qui luit de ſa pro pre lu mie re, & de qui les Pla net tes ſont é clai rées en tour nant au tour de lui, pour re ce voir la gran de in flu en ce de ſes ra yons : il eſt pla cé au cen tre de no tre tour bil lon. Il y a en co re u ne ſor te de gran de fleur jau ne, que l'on nom me ain ſi, par ce qu'el le en a la for me, & u ne ſor te d'in ſec te de mer de la mê me fi gu re. On don ne en co re ce nom à un ou vra ge d'ar gent ou de ver meil do ré, qui a un pied com me un Ca li ce, & dont le haut eſt en for me de So leil, où l'on en fer me l'hoſ tie lorſ qu'on ex po ſe le St. Sa cre ment.

Syllabe finale & diphtongue douteuse.

eil.

Eil,	*Eil le.*
A beil,	*A beille.*
Con ſeil,	*Con ſeil.*
Pa reil,	*Pa reil le.*
So leil,	*So leil.*
Ver meil,	*Ver meil le.*

soleil.

Mots diviſés par Syllabes.

Ap pa reil, bou teil le, cor beil le, dé-pa reil le, é veil le, gro ſeil le, mer veille, nom pa reil, œil, o reil le, ra pa reil le, ré-veil, ſom meil, ſur veil le, treil le, veil le.

O

Explication de la Figure ci-contre.

Le FAUTEUIL eſt u ne gran de chai ſe à doſ ſier & à bras, qu'on pré ſen te par diſ tinc tion aux per ſon nes les plus reſ pec ta bles, & ſur-tout aux Da mes. Il eſt fort u ti le à tou tes ſor tes de per ſon nes, prin ci pa le ment quand on eſt in com mo dé.

Syllabe finale & diphtongue douteuse.

Euil,	euil	*Euil.*
Bre teuil,		*Bre teuil.*
Cer feuil,		*Cer feuil.*
Fau teuil,		*Fau teuil.*
Feuille,		*Feuille.*
Seuil,	fauteuil.	*Seuil.*

Mots divisés par Syllabes.

Ac cueil, Ar cueil, breuil, cer cueil, che vre feuil, che vreuil, cueil le, deuil, é cueil, é cu reuil, mil le-feuil le, por te-feuil le, re cueil, re feuil le, seuil.

Explication de la Figure ci-contre.

La BILLE eſt un corps d'y-voire rond & ſphé ri que, de la groſ ſeur d'un œuf, dont on ſe ſert pour jouer au bil lard. On don ne le nom de Bil lard à la gran de ta ble cou ver te d'un drap verd, ſur la quelle on joue, & à l'inſ tru ment qui ſert à pouſ ſer la bil le pour la met-tre dans la blou ſe. L'on don ne en co re ce nom à plu ſieurs bâ-tons de buis, dont les Em ba-leurs, Ou vriers & Ar tiſ tes ſe ſer vent pour leurs ou vra ges.

Syllabe finale & diphtongue douteuse.

Il le,	*Il le.*
Bil le,	*Bil le.*
Fil le,	*Fil le.*
Gril le,	*Gril le.*
Quil le,	*Quil le.*
Vril le,	*Vril le.*

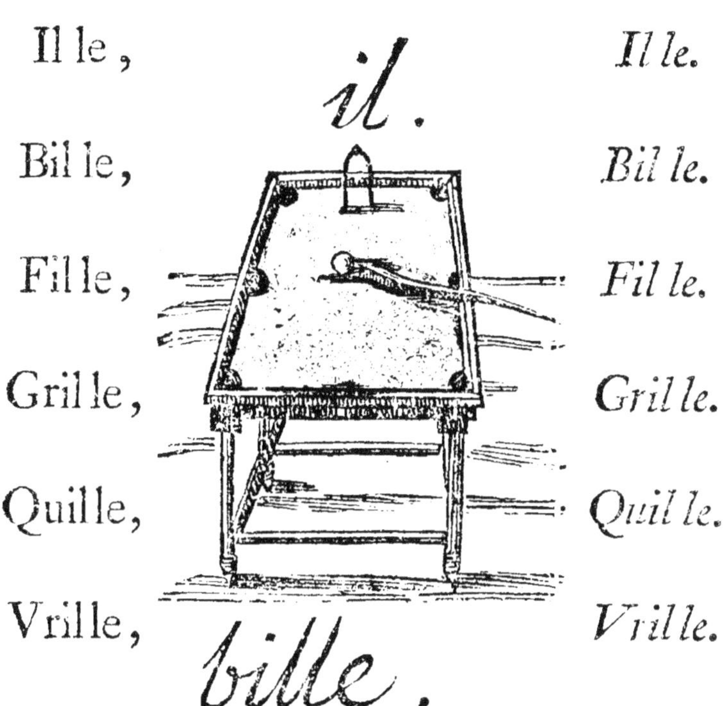

Mots divisés par Syllabes.

A chil le, Bas til le, che nille, dé bil le, é par pil le, fa mil le, gen til le, ha bil le, jon-quil le, len til le, man dil le, pil le, ro quil le, sou que nil le, tor til le, vé til le.

Explication de la Figure ci-contre.

La QUE NOUIL LE eſt le nom d'u ne plan te, dont la ti ge fort u nie ſer voit au tre fois aux fem- mes pour tor til ler le lin ou le chan vre à fi ler. On y a ſubſ- ti tué un bâ ton, dont on ſe ſert en gui ſe de cet te ti ge, & qu'on nom me en co re que nouil le, du nom de cet te plan te.

Syllabe finale & diphtongue douteuse.

Ouil,	*Ouil le.*
Bouil le,	*Bouil le.*
Fe nouil,	*Fe nouil.*
Fouil le,	*Fouil le.*
Mouil le,	*Mouil le.*
Ver rouil,	*Ver rouil.*

ouil

quenouille.

Mots divisés par Syllabes.

An douil le, bar bouil le, cha touil le, dé-brouil le, em brouil le, far fouil le, gar-gouil le, ga ſouil le, pa trouil le, pouil le, que nouil le, re mouil le, rouil le, ſouil le.

Explication de la Figure ci-contre.

Le Geai eſt un oi ſeau aſ- ſez com mun, dont le plu ma ge eſt mê lé de rou ge, de verd, de blanc, de bleu, de noir & de gris. Il eſt gros com me un pi geon : il ap prend à par ler, mais ſon cri eſt fort dé ſa gré a- ble. Il eſt en clin, com me la Pie, à dé ro ber & à ca cher ſoi gneu- ſe ment ce qu'il a dé ro bé. Il con tre fait le chat, le chien, la pou le & les au tres oi ſeaux. Sa chair n'eſt bon ne qu'à la ſou pe.

Syllabe finale & diphtongue douteuſe.

Ais, *Ais.*

ai.

Dais, *Dais.*

Fais, *Fais.*

Geai, *Geai.*

Mais, *Mais.*

geai.

Plais, *Plait.*

Mots diviſés par Syllabes.

A traits, ba lais, claie, dé lai, ex trait, gai, i vraie, la quais, li ais, ma rais, ni ais, pa lais, plaie, pu nais, raie, re fais, re lais, ſauf ſaie, ſou haits, trait, vrai.

Explication de la Figure ci-contre.

La MAIN eſt par ſon uſage une des parties du corps qui rend le plus de ſervice, quoiqu'elle ſoit au bout du bras : elle eſt diviſée en cinq doigts. Ce nom s'applique à pluſieurs autres choſes.

Syllabe finale & diphtongue d'écriture.

Ain,	ain.	*Ain.*
Bain,		*Bain.*
Gain,		*Gain.*
Main,		*Main.*
Pain,		*Pain.*
Sain,	main.	*Sain.*

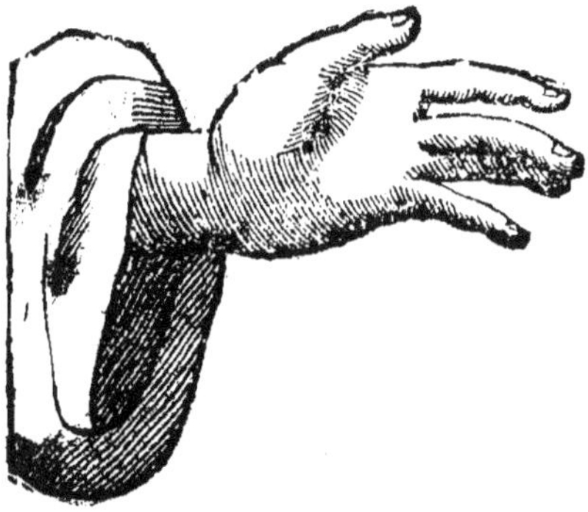

Mots diviſés par Syllabes.

Ai rain, biſ quains, châ te lain, daim, eſſaim, faim, grain, hu main, len de main, mai rain, nain, par rain, reſ traint, Sou ve rain, train, vain, ul tra mon tain.

Explication de la Figure ci-contre.

L'AGNEAU eſt le pe tit d'u ne bre bis, dont le mâ le ſe nom me bé lier. C'eſt un a ni mal doux & char mant, & preſ que tou-jours bon diſ ſant; la cau ſe de ce mou ve ment pro vient, à ce qu'on pré tend, du poil qu'il a dans la four chet te de ſes pieds: lorſ qu'il eſt rô ti, il eſt dé li cat & fort ſain.

Syllabe finale, & diphtongue d'écriture.

Eau,		*Eau,*
Agneau,	*gna.*	*Agneau.*
Ba teau,		*Ba teau.*
Carreau,		*Carreau.*
Ciſeau,		*Ciſeau.*
Fu ſeau,	*agneau.*	*Fu ſeau.*

Mots diviſés par Syllabes.

An neau, ban deau, ca veau, dra peau, far deau, gâ teau, ha meau, ju meau, lam-beau, mar teau, nou veau, oi ſeau, pa neau, ra meau, ſceau, ſu reau, ta bleau, ton neau.

Au nom du Pe re, & du Fils, & du Saint-Eſ prit. Ain ſi ſoit-il.

Met tons-nous en la pré ſen ce de Dieu, & l'a do rons.

VENEZ, Eſ prit Saint, rem pliſ-ſez les cœurs de vos fi dé les, & al-lu mez en eux le feu ſa cré de vo-tre a mour.

L'O rai ſon de No tre-Sei gneur Jé ſus-Chriſt.

NOTRE Pe re qui ê tes aux Cieux, que vo tre nom ſoit ſanc ti fié, que

In no mi ne Pa tris, & Fi li i, & Spi ri tûs Sanc ti. A men.

In con ſpec tu De i a do ra mus, & pro-ci da mus an te fa ci em e jus.

VENI, Sanc te Spi ri tûs, re ple tu o rum cor da fi de li um, & tui a mo ris in eis ig nem ac cen de.

O ra ti o Do mi ni Noſ tri Je ſu-Chriſ ti.

PATER noſ ter, qui es in cœ lis, ſanc ti fi ce tur no men tu um; ad ve-

vo tre Ro yau me nous a vien ne, que vo tre vo lon té ſoit fai te en la ter-re com me au Ciel, don nez - nous au jour d'hui no tre pain quo ti di en, & nous par don nez nos of fen ſes, com me nous par don nons à ceux qui nous ont of fen ſés, & ne nous laiſ ſez pas ſuc com ber à la ten ta-tion, mais dé li vrez - nous du mal. Ain ſi ſoit - il.

La Sa lu ta tion An gé li que.

JE vous ſa lue, Ma rie, plei ne de gra ce, le Sei gneur eſt a vec vous, vous ê tes bé nie en tre tou tes les fem mes, & Jé ſus le fruit de vo tre ven tre eſt bé ni. Sain te Ma rie, Me re de Dieu, pri ez pour nous, pau vres

ni at reg num tu um ; ſi at vo lun- tas tua , ſi cut in cœ lo & in ter- ra. Pa nem noſ trum quo ti di a num da no bis ho di e ; & di mit te no- bis de bi ta noſ tra , ſi cut & nos di mit ti mus de bi to ri bus noſ tris ; Et ne nos in du cas in ten ta ti o- nem ; ſed li be ra nos à ma lo. A men.

Sa lu ta tio An ge li ca.

AVE , Ma ri a , gra ti â ple na , Do mi nus te cum ; be ne dic ta tu in mu li e ri bus , & be ne dic tus fruc tus ven tris tui Je ſus. Sanc ta Ma ria , Ma ter Dei , o ra pro no-

pau vres pé cheurs, main te nant & à l'heu re de no tre mort. Ain ſi ſoit-il.

Le Sym bo le des Apô tres.

JE crois en Dieu, le Pe re Tout-puiſ ſant, Cré a teur du Ciel & de la ter re, & en Jé ſus-Chriſt ſon Fils u ni que, No tre Sei gneur; qui a é té con çu du Saint-Eſ prit, né de la Vier ge Marie; qui a ſouf fert ſous Pon ce - Pi la te, a é té cru ci fi é, eſt mort, a é té en ſé ve li, eſt deſ cen du aux en fers, & le troi ſi è me jour eſt reſ ſuſ ci té des morts, eſt mon té aux Cieux, eſt aſ ſis à la droi te de Dieu le Pe re Tout-puiſ ſant, & qui de là vien dra ju ger les vi vans & les morts.

bis pec ca to ri bus , nunc & in ho ra mor tis noſ træ. A men.

Sym bo lus A poſ to lo rum.

CRE DO in De um Pa trem Om- ni po ten tem , Cre a to rem cœ li & ter ræ , & in Je ſum Chriſ tum Fi- li um e jus u ni cum Do mi num noſ trum ; qui con cep tus eſt de Spi ri tu ſanc to , na tus ex Ma riâ Vir gi ne ; paſ ſus ſub Pon tio Pi la- to , cru ci fi xus , mor tu us & ſe pul- tus ; deſ cen dit ad in fe ros , ter tiâ die re ſur re xit à mor tuis , aſ cen dit ad cœ los ; ſe det ad dex te ram Dei Pa tris Om ni po ten tis , in dè ven tu- rus eſt ju di ca re vi vos & mor tu os.

Je crois au Saint-Eſprit, la Sain te E gli ſe ca tho li que, la Com mu ni on des Saints, la ré miſ ſion des pé chés, la ré ſur rec tion de la chair, la vie é ter nel le. Ain ſi ſoit-il.

La Con feſ ſion des pé chés.

JE me con feſ ſe à Dieu Tout-puiſ-ſant, à la bien heu reu ſe Ma rie tou-jours Vier ge, à Saint Mi chel-Ar-chan ge, à Saint Jean-Bap tiſ te, aux A pô tres Saint Pier re & Saint Paul, & à tous les Saints, & à vous mon Pe re, que j'ai gran de ment pé ché en pen ſées, en pa ro les & en œu vres: par ma fau te, par ma fau te, par ma très-gran de fau te. C'eſt pour-quoi je ſup plie la bien heu reu ſe Ma-rie, tou jours Vier ge, Saint Mi chel

Cre do in Spi ri tum ſanc tum, ſanc tam Ec cle ſi am ca tho li cam, Sanc to rum com mu ni o nem, re miſ-ſi o nem pec ca to rum, car nis re ſur rec-ti o nem, vi tam æ ter nam. A men.

Con feſ ſio pec ca to rum.

CON FI TE OR Deo Om ni po-ten ti, be a tæ Ma ri æ ſem per Vir-gi ni, be a to Mi cha ë li Ar chan ge-lo, be a to Jo an ni-Bap tiſ tæ, ſanc-tis A poſ to lis Pe tro & Pau lo, & om ni bus Sanc tis, & ti bi, Pa ter, qui a pec ca vi ni mis co gi ta ti o ne, ver bo & o pe re; meâ cul pâ, meâ cul pâ, me â ma xi mâ cul pâ. I de ò pre cor be a tam Ma ri am ſem per Vir gi nem, be a tum Mi cha ë lem

Ar chan ge, Saint Jean-Bap tiſ te, les A pô tres Saint Pier re & Saint Paul, tous les Saints, & vous mon Pe re, de pri er pour moi en vers le Sei gneur no tre Dieu. Ain ſi ſoit-il.

QUE Dieu Tout-puiſ ſant nous faſ ſe mi ſé ri cor de, & qu'a près nous a voir par don né nos pé chés, il nous con dui ſe à la vie é ter nel le. Ain ſi ſoit-il.

QUE le Sei gneur Tout-puiſ ſant & mi ſé ri cor di eux, nous ac cor de le par don, l'ab ſo lu tion & la ré miſ-ſion de nos pé chés. Ain ſi ſoit-il.

Ar chan ge lum , be a tum Jo an nem Bap tiſ tam , Sanc tos A poſ to los Pe trum & Pau lum , om nes Sanc-tos , & te , Pa ter , o ra re pro me ad Do mi num Deum noſ trum. A men.

MI SE RE A TUR noſtrî Om ni po-tens Deus , & di miſ ſis pec ca tis noſ tris per du cat nos ad vi tam æ ter nam. A men.

IN DUL GEN TI AM , ab ſo lu ti o nem & re miſ ſi o nem pec ca to rum noſ-tro rum tri bu at no bis Om ni po-tens & mi ſe ri cors Do mi nus. A men.

Les Com man de mens de Dieu en vieux fran çois, ſui vant la cou tu me.

1 UN ſeul Dieu tu a do re ras,
Et ai me ras par fai te ment.
2 Dieu en vain tu ne ju re ras,
Ni au tre cho ſe pa reil le ment
3 Les Di man ches tu gar de ras,
En ſer vant Dieu dé vo te ment.
4 Tes Pere & Me re ho no re ras,
A fin que tu vi ves lon gue ment.
5 Ho mi ci de point ne ſe ras,
De fait, ni vo lon tai re ment.
6 Lu xu ri eux point ne ſe ras,
De corps ni de con ſen te ment.
7 Le bien d'au trui tu ne pren dras,
Ni re tien dras à ton eſ cient.
8 Faux té moi gna ge tu ne di ras,
Ni men ti ras au cu ne ment.

Les Com man de mens de Dieu, en vers.

N'A DO RE qu'un ſeul Dieu:
Ja mais ne ju re en vain.
Ob ſer ve le Di man che:
Ho no re Pe re & Me re.
N'ou tra ge ni ne tue;
Et gar de-toi de fai re
Au cu ne i m pu re té par œu vre
ou par deſ ſein.
Abſ tien-toi du lar cin;
Et du faux té moi gna ge.

9 L'œu vre de chair ne dé ſi re ras,
Qu'en ma ri a ge ſeu le ment.
10 Biens d'au trui ne con voi te ras,
Pour les a voir in juſ te ment.

Les Com man de mens de l'E gli ſe, en vieux Fran çois, à l'or di nai re.

1 LES Fê tes tu ſanc ti fie ras,
Qui te ſont de com man de ment.
2 Les Diman ches Meſ ſe oüi ras,
Et les Fê tes pa reil le ment.
3 Tous tes pé chés con feſ ſe ras,
A tout le moins u ne fois l'an.
4 Ton Cré a teur tu re ce vras,
Au moins à Pâ ques hum ble ment.
5 Qua tre-Tems, Vi gi les, jeû ne ras,
Et le Ca rê me en tié re ment.

Ne con voi te l'argent, la femme,
L'hé ri ta ge,
Ni rien qui ſoit à ton pro chain.

Les Com man de mens de l'E gli ſe, en vers.

1 Aux Fêtes de com man de ment,
2 Com me aux Jours du Sei gneur, en tends la ſain te Meſ ſe.
3 Va du moins tous les ans u ne fois à con feſ ſe:
4 Re çois au tems Paſ chal l'au guſ te Sa cre ment:
5 Jeû ne les Qua tre-Tems, Vi gi les & Ca rê me:

6 Ven dre di chair ne man ge ras,
Ni le Sa me di mê me ment.

Pour la Pri è re du Ma tin.

℣. Sei gneur, dai gnez pen dant ce jour,

℟. Nous con ſer ver purs & ſans pé ché.

℣. A yez pi tié de nous, Sei gneur,

℟. A yez pi tié de nous.

℣ Sei gneur, ré pan dez ſur nous vo tre mi ſé ri cor de,

℟. Se lon l'eſ pé ran ce que nous a vons mi ſe en vous.

℣. Sei gneur, é cou tez ma pri è re,

℟. Et que mes cris pé né trent juſ-qu'à vous.

6 Ne prend le Ven dre di , ni le
Sa me di mê me ,
Nul le chair pour ton a li ment.

Pour la Pri è re du Ma tin.

℣. Dig na re, Do mi ne , die iſ to,

℟. Si ne pec ca to nos cuſ to di re.

℣. Mi ſe re re noſ tri , Do mi ne,

℟. Mi ſe re re noſ tri.

℣. Fi at mi ſe ri cor di a tua , Do- mi ne ſu per nos ,

℟. Quem ad mo dum ſpe ra vi mus in te.

℣. Do mi ne exau di o ra ti o nem me am :

℟. Et cla mor me us ad te ve- ni at.

Orai ſon.

SEIGNEUR, Dieu Tout-puiſ ſant, qui nous a vez fait ar ri ver au commen ce ment de ce jour, ſau vez-nous au jour d'hui par vo tre puiſ ſan ce ; a fin que nous ne nous laiſ ſions al-ler à au cun pé ché ; mais que tou tes nos pa ro les, nos pen ſées & nos ac tions é tant con dui tes par vo tre gra ce, ne ten dent qu'à ac com plir les rè gles de vo tre juſ ti ce : Par No tre - Sei gneur Jé ſus-Chriſt. Ain-ſi ſoit - il.

Pour la Priè re du ſoir.

℣. Dai gnez, Sei gneur, pen dant cet te nuit,

℟. Nous con ſer ver purs & ſans pé chés.

O re mus.

DOMINE, Deus Om ni po tens, qui ad prin ci pum hu jus di ei nos per ve ni re fe cif ti, tu â nos ho di è ſal va vir tu te; ut ad nul lum de cli- ne mus pec ca tum, ſed ſem per ad tu am juſ ti ti am fa ci en dam noſ- tra pro ce dant e lo qui a, di ri gan- tur co gi ta ti o nes & o pe ra : Per Chriſ tum Do mi num noſ trum.

A men.

Pour la Pri è re du ſoir.

℣. Dig na re, Do mi ne, noc te iſ tâ,

℟. Si ne pec ca to nos cuſ to- di re.

℣. A yez pi tié de nous, Sei gneur,

℟. A yez pi tié de nous.

℣. Sei gneur, que vo tre mi ſé ri-cor de ſe ré pan de ſur nous,

℟. Se lon l'eſ pé ran ce que nous a vons mi ſe en vous.

℣. Sei gneur, é cou tez ma pri è re,

℟. Et que mes cris s'é le vent juſ-qu'à vous.

O rai ſon.

NOUS vous ſup pli ons, Sei gneur, de vi ſi ter cet te de meu re, & d'en é loi gner tous les pié ges du dé mon, no tre en ne mi : que vos ſaints An-ges y ha bi tent pour nous y con-ſer ver en paix, & que vo tre bé né-dic tion de meu re tou jours ſur nous, Par No tre - Sei gneur Jé ſus-Chriſt. Ain ſi ſoit - il.

℣.

℣. Mi ſe re re noſ tri, Do mi ne,

℟. Mi ſe re re noſ tri.

℣. Fi at mi ſe ri cor di a tu a, Do-mi ne, ſu per nos,

℟. Quem ad mo dum ſpe ra vi-mus in te.

℣. Do mi ne e xau di o ra ti o-nem me am.

℟. Et cla mor me us ad te ve ni at.

Oremus.

VISITA quæ ſu mus, Do mi ne, ha bi ta ti o nem iſ tam, & om nes in ſi di as i ni mi ci ab ea lon gè re-pel le : An ge li ſanc ti tu i ha bi tent in e a, qui nos in pa ce cuſ to-di ant; & be ne dic ti o tu a ſit ſu-per nos ſem per. Per Chriſ tum Do-mi num noſ trum. ℟. Amen.

Pour le ſoir.

QUE le Sei gneur Tout-Puiſ ſant nous don ne u ne vie tran quil le & u ne heu reu ſe fin. Au nom du Pe-re, & du Fils, & du ſaint-Eſ prit. Ain ſi ſoit-il.

Pour le ma tin.

QUE le Sei gneur Tout-Puiſ ſant & mi ſé ri cor di eux nous bé niſ ſe, & nous con ſer ve tou jours. Au nom du Pe re, & du Fils, & du ſaint-Eſ prit. Ain ſi ſoit-il.

L'An ge lus.

L'An ge du Sei gneur an non ça à Ma rie qu'el le ſe roit la Me re du Fils de Dieu ; & el le con çut par l'o pé ra tion du ſaint-Eſ prit.

Pour le ſoir.

NOCTEM qui e tam & fi nem per fec tum con ce dat no bis Do mi- nus Om ni po tens. In no mine Pa- tris, & Fi li i, & Spi ri tus ſanc ti. A men.

Pour le ma tin.

BENE DI CAT & cuſ to di at nos ſem per Om ni po tens & mi ſe ri- cors, Do mi nus. In no mi ne Pa- tris, & Fi li i, & Spi ri tus ſanc ti. A men.

L'An ge lus.

AN ge lus Do mi ni, nun ti a vit Ma ri æ, & con ce pit de Spi ri tu ſanc to.

Je vous ſa lu e, Ma ri e, &c. *page* 120.

Voi ci la Ser van te du Sei gneur,

Qu'il me ſoit fait ſe lon vo tre pa- ro le.

Je vous ſa lue, Ma rie, &c.

Et le Ver be a é té fait chair, & il a ha bi té par mi nous.

Je vous ſa lue, Ma ri e, &c.

℣. Sain te Me re de Di eu, pri ez pour nous.

℟. A fin que nous ſo yons trou- vés di gnes des pro meſ ſes de J. C.

O rai ſon.

SEI GNEUR, nous vous ſup pli ons de ré pan dre vo tre ſain te gra ce dans nos a mes, a fin qu'a près a voir con- nu par la voix de l'An ge, la mi ra cu-

Ave, Ma ri a, &c. *page* 121.

Ec ce An cil la Domi ni,

Fi at mi hi ſe cun dum ver bum tu um.

A ve, Ma ri a, &c.

Et Ver bum ca ro fac tum eſt, & ha bi ta vit in no bis.

A ve, Ma ri a, &c.

O ra pro no bis, Sanc ta De i Ge ni trix.

℟. Ut dig ni ef fi ci a mur pro miſ-ſi o ni bus Chriſ ti.

O re mus.

GRA TI AM tu am quæ ſu mus, Domi ne, men ti bus noſ tris in fun-de; ut qui An ge lo nun ti an te, Chriſ ti Fi li i tu i In car na ti o nem

leu ſe In car na tion de vo tre Fils, Jé ſus-Chriſt, nous puiſ ſions ar ri ver un jour à la gloi re de ſa Ré ſur rec- ti on, qu' il a vou lu nous pro cu rer par ſa Paſ ſi on & ſa Croix. Par le mê- me J. C. No tre-Sei gneur. Ain ſi ſoit-il.

La Bé né dic ti on de la Ta ble.

BENIS SEZ, (ce ſe ra le Sei gneur); que la droi te de Jé ſus - Chriſt nous bé niſ ſe a vec tou tes cho ſes que nous de vons pren dre pour no tre nour ri tu re. ✝ Au nom du Pe re, & du Fils, & du ſaint - Eſ prit. Ain ſi ſoit-il.

cog̃no vi mus, per Paſ ſi o nem e jus & Cru cem ad Re ſur rec ti o nis glo-ri am per du ca mur. Per e un dem Chriſ tum Do mi num noſ trum. Amen.

Be ne dic ti o Men ſæ.

BE NE DI CI TE Do mi nus, nos, & e a, quæ ſu mus ſump tu ri be ne-dicat dex te ra Chriſ ti. ✠ In no mi-ne Pa tris, & Fi li i, & S pi ri tus ſanc ti. A men.

Ac tions de Gra ces a près le re pas.

O DI EU Tout - Puiſ ſant, nous vous ren dons gra ces pour tous vos bien faits, & prin ci pa le ment pour la nour ri tu re que vous ve nez de nous don ner; vous qui vi vez & ré gnez par tous les ſi è cles des ſi è-cles. Ain ſi ſoit-il.

℣. Bé niſ ſons le Sei gneur.

℟. Ren dons gra ces a Di eu.

Lou an ge à Di eu, paix aux vi-vans, & re pos aux dé funts; mais pour vous, a yez pi tié de nous, Sei gneur.

Ren dons gra ces à Dieu.

Gra ti a rum Ac ti o poſt re fec ti o nem.

AGI MUS ti bi gra ti as Om ni po-tens De us, pro u ni ver ſis be ne fi-ci is tu is ; qui vi vis & re gnas, De us in ſœ cu la ſœ cu lo rum.

Amen.

Laus De o, pax vi vis re qui em de func tis ; tu au tem, Do mi ne, mi ſe re re noſ tri.

De o gra ti as.

Bien heu reu ſes ſont les en trailles qui nous ont por tées, & les mamel les qui nous ont nour ries.
Ain ſi ſoit-il.

Di eu nous don ne ſa paix, ſon a mour, ſa bé né dic tion, & la vie é ter nel le. Ain ſi ſoit-il.

Que les a mes de nos parens, de nos a mis, & de tous les Fi de les qui ſont morts, re po ſent tou jours en paix, par la mi ſé ri cor de de Dieu. Ain ſi ſoit-il.

Sei gneur, laiſ ſez main te nant aller en paix vo tre ſer viteur, ſe lon vo tre pa ro le.

Je re mets mon eſ prit en tre vos mains, Sei gneur.

Et Be a ta viſ ce ra Ma ri æ Vir-gi nis quæ por ta ve runt, & u be ra quæ lac ta ve runt æter ni Pa tris Fi-li um. A men.

Deus det no bis ſu am pa cem, a mo rem, be ne dic ti o nem e jus, & vi tam æ ter nam. A men.

A ni mæ om ni um Fi de li um de-func torum, per mi ſe ri cor di am Dei, ſi ne fi ne re qui eſ cant in pa ce. A men.

Nunc, di mit tis ſer vum tu um, Do mi ne, ſe cun dum ver bum tu um in pa ce.

In ma nus tu as, Do mi ne, com-men do Spi ri tum me um.

O rai ſon pour les Morts.

O Dieu, qui ê tes le Cré a teur & le Ré demp teur de tous les Fi dè-les, ac cor dez aux a mes de vos ſer vi teurs & de vos ſer van tes, la ré miſ ſi on de tous leurs pé chés, a fin qu' el les ob tien nent par les très-hum bles pri è res de vo tre E gli ſe, le par don qu' el les ont tou jours ar dem ment ſou hai té. Vous qui é tant Dieu, vi vez & ré-gnez dans tous les ſiè cles des ſiè cles. Ain ſi ſoit-il.

Ac te de Con tri ti on.

Mon Dieu, j'ai un très-grand re-grêt de vous a voir offenſé, par ce que vous ê tes in fi ni ment bon, & que le pé ché vous dé plaît. Je pro po ſe fer-me ment, mo yen nant vo tre ſain te gra ce, de n'y re tom ber ja mais.

FIN.

O ra ti o pro De func tis.

FIDELIUM, De us om ni um Con di tor & Re demp tor, a ni mabus fa mu lo rum fa mu la rum que tu a rum, re miſ ſi o nem cunc torum tri bu e pec ca to rum; ut indul gen ti am quam ſem per op tave runt, pi is ſu pli ca ti ó ni bus con ſe quan tur. Qui vi vis & regnas Deus, in ſæ cu la ſæ cu lo rum. A men.

O SA LU TA RIS Hoſ ti a !
Quæ cœ li pan dis oſ ti um,
Bel la pre munt hoſ ti li a,
Da ro bur fer au xi li um.

F I N.

APPROBATION DU CENSEUR ROYAL.

J'AI lu, par ordre de Monſeigneur le Chancelier, un Manuſcrit qui a pour titre : *Alphabeth Ingénieux, Hiſtorique & Amuſant, ſuivi d'un Dictionnaire de mots Homonymes*; dont je crois que la réimpreſſion ſera profitable à l'âge auquel cet ouvrage eſt deſtiné. Donné, à Paris, le 22 Mars 1773.

Signé PHILIPPE DE PRÉTOT.

PRIVILEGE DU ROI.

LOUIS, PAR LA GRACE DE DIEU, ROI DE FRANCE ET DE NAVARRE : A nos amés & féaux Conſeillers, les Gens tenans nos Cours de Parlement, Maîtres des Requêtes ordinaires de notre Hôtel, Conſeil Supérieur, Prévôt de Paris, Baillifs, Sénéchaux, leurs Lieutenans Civils & autres nos Juſticiers qu'il appartiendra : SALUT. Notre amé le ſieur LANGLOIS, Libraire, nous a fait expoſer qu'il deſireroit faire imprimer & donner au Public un *Alphabet Ingénieux, Hiſtorique & Amuſant, avec figures, ſuivi d'un Dictionnaire de mots Homonymes*, s'il nous plaiſoit lui accorder nos Lettres de permiſſion pour ce néceſſaires. A CES CAUSES, voulant favorablement traiter l'Expoſant, Nous lui avons permis & permettons par ces Préſentes, de faire imprimer ledit Ouvrage autant de fois que bon lui ſemblera, & de le faire vendre & débiter par tout notre Royaume, pendant le tems de trois années conſécutives, à compter du jour de la date des Présentes; faisons défenses à tous Imprimeurs, Libraires & autres personnes, de quelque qualité & condition qu'elles soient, d'en introduire d'impression étrangere dans aucun lieu de notre obéissance. A la charge que ces Présentes seront enregistrées tout au long sur le Registre de la Communauté des Imprimeurs & Libraires de Paris, dans trois mois de la date d'icelles; que l'impression dudit Ouvrage sera faite dans notre Royaume & non ailleurs, en bon papier & beaux caractères; que l'Impétrant se conformera en tout aux Réglemens de la Librairie, & notamment à celui du 10 Avril 1725, à peine de déchéance de la présente Permission; qu'avant de l'exposer en vente, le manuscrit qui aura servi de copie à l'impression dudit Ouvrage, sera remis dans le même état où l'Approbation y aura été donnée, es mains de notre très-cher & féal Chevalier, Chancelier, Garde de Sceaux de France, le Sieur DE MAUPEOU; qu'il en sera ensuite remis deux exemplaires dans notre Bibliotheque publique, un dans celle de notre Château du Louvre, & un dans celle dudit sieur DE MEUPEOU; le tout à peine de nullité des Présentes, du contenu desquelles vous mandons & enjoignons de faire jouir ledit Exposant & ses ayans cause, pleinement & paisiblement, sans souffrir qu'il leur soit fait aucun trouble ou empêchement. Voulons qu'à la copie des Présentes, qui sera imprimée tout au long au commencement ou à la fin dudit Ouvrage, foi soit ajoutée comme à l'Original. Commandons au premier notre Huissier ou Sergent sur ce requis, de faire, pour l'exécution d'icelles, tous actes requis & nécessaires, sans demander autre permission, & nonobstant clameur de

Haro, charte Normande & Lettres à ce contraires : car tel eſt notre plaiſir. DONNÉ à Compiegne, le quatrieme jour du mois d'Août, l'an mil ſept cent ſoixante-treize, & de notre regne le cinquante-huitieme. Par le Roi en ſon Conſeil. *Signé* LE BEGUE.

Régiſtré ſur le Regiſtre XIX. de la Chambre Royale & Syndicale des Libraires & Imprimeurs de Paris, n. 169, fol. 117, conformément au Réglement de 1723. A Paris, ce 7 Août 1773.

C. A. JOMBERT pere, Syndic.

De l'Imprimerie de CAILLEAU, rue S. Severin, vis-à-vis de l'Egliſe.

www.ingramcontent.com/pod-product-compliance
Lightning Source LLC
LaVergne TN
LVHW020020170826
845678LV00001B/69
9782329791609